日汉翻译实践教程

崔学森　朱俊华　编著

图书在版编目(CIP)数据

日汉翻译实践教程 / 崔学森,朱俊华编著. —北京:北京大学出版社,2021.6
ISBN 978-7-301-32167-6

Ⅰ. ①日… Ⅱ. ①崔… ②朱… Ⅲ. ①日语—翻译—教材 Ⅳ. ① H365.9

中国版本图书馆 CIP 数据核字(2021)第 074309 号

书　　　名	日汉翻译实践教程 RI-HAN FANYI SHIJIAN JIAOCHENG
著作责任者	崔学森　朱俊华　编著
责任编辑	兰　婷
标准书号	ISBN 978-7-301-32167-6
出版发行	北京大学出版社
地　　　址	北京市海淀区成府路 205 号　100871
网　　　址	http://www.pup.cn　新浪微博:@北京大学出版社
电子信箱	lanting371@163.com
电　　　话	邮购部 010-62752015　发行部 010-62750672　编辑部 010-62759634
印　刷　者	北京圣夫亚美印刷有限公司
经　销　者	新华书店
	787 毫米 ×1092 毫米　16 开本　11 印张　230 千字 2021 年 6 月第 1 版　2025 年 1 月第 2 次印刷
定　　　价	48.00 元

未经许可,不得以任何方式复制或抄袭本书之部分或全部内容。
版权所有,侵权必究
举报电话:010-62752024　电子信箱:fd@pup.pku.edu.cn
图书如有印装质量问题,请与出版部联系,电话:010-62756370

序 言

呈现在读者面前的这部《日汉翻译实践教程》,编者本着"从实践中来到实践中去"的原则,对翻译实践中出现的问题进行汇总和分析,目的是通过大量的翻译实例,让译者注意到翻译实践中容易出现的问题,减少和避免错误的发生,以此提升翻译质量。因此,本教材不侧重于理论探讨,所使用的语言也尽量避免翻译理论中的生涩术语,但这不等于编者不注重翻译理论。如果没有翻译理论的指导,纯粹的翻译实践教程势必流于问题的汇总,缺乏深度和系统性。编者的主要思考在于,翻译本身是一门应用性很强的学科,对于一般的译者而言,即使掌握再多的翻译理论,如果不在翻译实践中不断试错和纠错,也难以翻译出令人满意的文本。

本教材无意也无法面面俱到,仅涉及部分人文社科领域的日汉翻译。之所以做如此选择,一方面由于日译汉翻译实务中,人文社科领域的日汉翻译所占比例很大,出现的问题也较多;另一方面是受编者专业领域的限制,编者仅对文学、史学和法学领域有所关注,对理工、农、医等科技领域,教育学、心理学等社科领域以及经济商贸等实务领域,几乎没有涉猎。鉴于此,本教材实际上应该有一个更为严谨的书名——《部分人文社科领域日汉翻译实践教程》。当然,从追求简洁的角度,将其命名为《日汉翻译实践教程》,大家也应该可以谅解。

诚然,如果掌握了本教材中的大部分内容,应该会为其他专业领域的日汉翻译奠定一定的基础,大家姑且可以将本教材视为日汉翻译实践的基础教材或者入门教材。但是,编者却意不在此,主要是因为文学和史学性的笔译多以公开出版为目的,对译者的能力和水平有较高的要求。因而,这部《日汉翻译实践教程》与其说是基础性的教材,莫如说以追求臻于完美的译稿为目的,至于能否最终达到这个目的则另当别论。从这个角度来说,就没有所谓"基础"和"进阶"之分了,只要最终变成"白纸黑字",译文就应该经得起读者的检验,就应该是较完美的。

如何提供优秀的译本以达到出版要求,是本教材写作的主要指向。作为"白纸黑字"的文本,如果错字连篇,标点不清晰,表达不顺畅,格式不规范,就失去了文本应有的价值;即使出现个别问题,译稿的质量和译者的信誉度也会受到影响。有些译者认为,这些

工作可以交给出版社的编辑来做，自己只需提供一个基本翻译文本。其实，这种想法是笔译的大忌。优秀的译本应该向着"错误零容忍"的方向而努力，交给出版社的译稿应该是译者最满意的文本，反映出译者的责任心，代表译者的最高翻译水平。出版社编辑的主要职责是对译稿的最后把关，从专业出版、读者需求和社会评价等方面审视文稿。因此，译者不能将自己应该完成的"分内事"转嫁给编辑，译稿的质量主要是由译者决定的，而不是编辑决定的。

这部教材是编者十余年来翻译、校译和编审工作的总结，有些内容直接来源于教学实践。书中使用的案例，多为编者作为最终责任人接触过的文本，且多已公开出版。这些文本多由编者的学生提供初译稿，编者以此为基础，逐字逐句核对原文，重新翻译，之后一一为学生讲解修改之处，点明运用的翻译理论和技巧，再加以总结。与编者直接翻译相比，这是一个耗时耗力的过程，如果不从培养学生的角度思考问题，很少有人愿意采取这种不讨巧的翻译方式。但也正因为采取了这种方式，编者才有机会切实把握学生在翻译中存在的普遍性问题，也为这部教材的诞生打下了必要的基础。

日汉翻译与其他语言翻译成汉语有不小的区别，主要原因是中日两国文字中都使用汉字。这既为日汉翻译带来了不少便利，可以"望文生义"，但也可能因此陷入共享的"陷阱"，导致对原文的误解。因此，日汉翻译势必表现出与其他语言汉译的不同特点。本教材着重探讨日译汉的这些特色。

同时，鉴于笔译与口译的区别，本教材作为一部专门探讨笔译的教材，尽力体现出以"文字"为核心的笔译特征，对于标点符号、数字表述形式、语体、文体、译者注释、翻译与学术研究的关系等内容着墨较多。

经过多年的翻译实践和教学活动，编者深深感到，优秀的翻译文本，如下几个因素缺一不可：对翻译工作的热爱、一丝不苟的态度、良好的语言修养和大量的翻译经验。可以说，翻译工作是对人的综合素质的锻炼和检验，既包括智力因素，也包括非智力因素。在付出和收入严重不成正比的大环境下，它是一份拷问译者良心和责任的工作。

编者

2021年4月20日

凡 例

1. 本教材分为上、中、下三篇，以"正""反""合"的形式来组织。上篇为"正"，中篇为"反"，下篇为"合"。
2. 上篇为基础篇，主要讲解翻译技巧、流程、手段、注意事项等内容。
3. 中篇为译例分析篇，举出典型翻译偏误实例，并加以分析，重点分析之处以下画线标记。
4. 上篇和中篇中的例文以"原文""译文"的顺序编排，其后附以"分析"；有时出现两种译文，以"原译文""修改译文"加以区分。
5. 上篇和中篇中所使用的例文，为节省篇幅，未引用相关上下文。
6. 下篇为翻译实践篇，以史学和文学类著作为主，例文涉及明治、大正、昭和和平成期的语体。
7. 下篇例文中的汉字、假名和标点遵照原文，保持当时的风格。

目 录

绪 论 ·· 1
　　一、笔译与口译的区别 ··· 1
　　二、笔译者的角色和作用 ·· 2
　　三、笔译者的素养 ·· 3

上　基础篇

第 1 课　翻译准则、类型和基本技巧 ··· 7
　　一、翻译准则 ·· 7
　　二、笔译类型 ·· 8
　　三、翻译基本技巧 ·· 9

第 2 课　笔译基本流程 ·· 21
　　一、笔译的准备 ·· 21
　　二、试译 ··· 24
　　三、初译与校译 ·· 25
　　四、汉语润色 ·· 26
　　五、交稿 ··· 27

第 3 课　现代翻译辅助手段 ·· 29
　　一、电子辞典 ·· 29
　　二、网络资源 ·· 30
　　三、数据库资源及语料库 ·· 30
　　四、扫描仪及 OCR 识别软件 ··· 31
　　五、翻译软件 ·· 32

　　　　六、网络共享 ··· 32

第 4 课　语体和文体 ··· 33
　　　　一、语体 ··· 33
　　　　二、文体 ··· 35

第 5 课　标点符号 ··· 37
　　　　一、逗号（","或"、"）的翻译 ··· 37
　　　　二、句号的翻译 ··· 39
　　　　三、引号和冒号的翻译 ·· 41
　　　　四、关于全角符号与半角符号的使用 ································· 42
　　　　五、关于汉语标点符号使用的最新规定 ····························· 42

第 6 课　译者注释 ··· 45
　　　　一、译者注释的功能与作用 ·· 45
　　　　二、译者注释的形式 ··· 45

第 7 课　译著出版 ··· 51
　　　　一、著作权问题 ··· 51
　　　　二、译者序言和后记 ··· 52

第 8 课　翻译与学术研究 ·· 57
　　　　一、翻译与学术研究的关系 ·· 57
　　　　二、翻译与学术研究结合的实例——副岛次郎《横跨亚洲》的翻译与研究　58

中　译例分析篇

第 9 课　日文负迁移 ·· 63
　　　　一、同形近形汉字词照搬 ··· 63
　　　　二、"的"字冗余与误译 ·· 65
　　　　三、"こと"和"ほど"的误译 ··· 66
　　　　四、语序不当 ·· 67
　　　　五、被动句误用 ··· 69

第10课	日文误解	71
	一、词语理解错误	71
	二、对句子内在逻辑关系理解有误	72
	三、语义模糊、表述不精准	74

第11课	汉语表述能力欠缺	79
	一、用词不当	79
	二、语言缺乏美感	82
	三、文风偏差	85

第12课	翻译技巧应用不当	89
	一、拘泥日文原文	89
	二、加译应用不当	90
	三、长句成分处理不当	93

下　实践篇

第13课	童话翻译例文	97

第14课	小说翻译例文	105

第15课	随笔翻译例文	119

第16课	人物传记翻译例文	133

第17课	学术著作翻译例文	145

主要参考文献 … 160

附录一　编者译著一览 … 162

附录二　编者主要学术著述 ……………………………………………… **163**

作者简介 …………………………………………………………………… **164**

后　记 ……………………………………………………………………… **165**

绪 论

一、笔译与口译的区别

翻译作为一个专门化的领域，根据不同的标准，可将其分为不同的种类。比如按照语言来分类，可以分为语内翻译（intralingual translation）和语际翻译（interlingual translation）。本书所探讨的，是日语翻译为汉语的问题，属于语际翻译。根据翻译材料的文体，可以分为应用文、新闻、科技文等。本书主要探讨一般人文社会科学类的翻译，以论述文为主。按照处理方式的不同，可以分为全译、节译、摘译、编译；按照活动形式，可以分为笔译（translation）、口译（interpretation），口译又可以细分为交替传译（consecutive interpretation）和同声传译（simultaneous interpretation）。本书聚焦于笔译，因此有必要探讨笔译的特征。

笔译是一种从文字到文字的工作，是将原文变成对象文的过程，译者与可见的原文文本打交道，最终也以可见的文本形式将成果展现出来。整个翻译过程，以视觉和文本录入为主，几乎不必像口译那样主要使用听觉和声音在现场传递信息。概括来讲，笔译是可视的，口译是可听的。因此，笔译没有口译那样的临场感，往往是译者于书斋之中，宁静地字斟句酌，独享咬文嚼字的苦与乐。

相对而言，笔译具有较为充裕的时间，在翻译之前和翻译过程中可以做充分准备。翻译之前可以对原文作者、作品风格、写作背景等项目进行充分调查；翻译过程中可以查阅各种工具书，可以在互联网上检索文本的相关信息，还可以向他人请教。

与口译不同的是，笔译原文文本未必是现代语言，经常会出现近代和古代语言。日汉翻译过程中，译者经常会接触古代文言文、近代文言文和口语文，因此需要译者对某一门语言文字的发展变迁有较为全面的了解和掌握，不应该仅满足于精通现代语言。

在有充裕的时间保证的前提下，就要求最终形成"信""达""雅"的文本，即要求译文在忠实于原文的基础上，表达流畅、优美，看不出任何翻译的痕迹。这样一来，就需要译者反复推敲，做到译文"增一分则太长，减一分则太短"。从事口译工作的人员，当其从事笔译工作时，所翻译的文本难免会出现平白、繁复、口语化现象严重等情况。翻译

实践证明，具有良好口译能力之人，未必具备良好的笔译能力。换言之，具有良好外语口语水平的人所翻译出来的汉语文本往往受到外语的负面影响，出现严重的负迁移现象。

在编者的教学过程中，总会有口译方向的学生觉得比笔译的学生高出一等，认为自己可以做笔译工作，而做笔译的学生则难以做口译工作。事实上，因笔译和口译在时间上的要求不同等原因，二者难以按照统一的标准一较高下，而是有各自的特点和难点。其实，真正的好翻译，应该是双面手，口译、笔译都能得心应手。二者应该你中有我，我中有你，没有一个泾渭分明的界限，只有侧重点不同而已。

二、笔译者的角色和作用

一个人在社会中会扮演不同的角色，起到不同的作用。身为译者，从不同的角度来看，也扮演着不同的角色，只不过多数情况下译者并没有加以区分。

首先，从译者和原作者的关系来看，译者是原作者作品的忠实守护者，想原作者之所想，思原作者之所思。一般而言，译者未必具有与原作者直接交流的机会，但需要通过收集原作者的各种信息，全方面了解原作者的写作意图、写作背景、写作风格等内容，甚至需要采取"移情"的方式，进入原作者的写作状态，理解原作者的写作思路，揣摩其使用的每一字句的用意，不折不扣地将原文用汉语文本再现出来。曾有人认为"译者是奴隶""译者是原作的奴隶"。这种说法否定译者是翻译主体，虽然难以为大多数译者所接受，但它所表达的忠实于原文的意思是可取的。现在的翻译理论，早已肯定译者是翻译的主体，承认译者在翻译过程中的能动性和创造性，但这种能动性和创造性，是以尊重原文为基础的，这一点毋庸置疑。提出"信""达""雅"翻译标准的严复，在翻译《天演论》等著作时，带入了个人对原著的批判，因而在尊重原文方面并不令人满意。同是"译学双璧"的林纾，在不懂外语的情况下，通过整理他人口译内容进行翻译，更无从谈起忠实于原文了。当然，在近代中国翻译事业的草创时期，严复和林纾筚路蓝缕的开拓精神，是值得大加赞扬的。

其次，从译者和读者的关系来看，译者是一个沟通原作者和读者的中介，要尽力让脱离了原文语境的读者在汉语语境下读懂原文，不产生任何"违和感"。著名翻译家杨绛曾说："这是一项苦差，因为一切得听从主人，不能自作主张。而且一仆二主，同时伺候着两个主人，一是原著，二是译文的读者。"如果想伺候好"两个主人"，除了语言表达流畅等因素以外，译者还有必要站在读者的立场上"介入"原文，为汉语读者提供必要的补充信息。一般而言，可以通过译者序言（后记）、注释、按语、译者凡例等形式，为汉语读者提供阅读和理解的便利。有一种翻译理论认为，翻译是无法百分之百还原原文意思的。后现代理论更强调"作者死了"，一旦作者完成了作品，作品便不再属于其自身。如果相信这样的理论，那么译者被置于何种立场，就需要大加讨论了，至少译者如何沟通原作者

和读者，就会成为一大问题。好在这部教材并不打算纠结于翻译理论。

最后，从委托方与译者的关系来看，译者是文字这一特殊商品的生产者。译者与委托方签订合同，受托生产文字这一特殊商品，获得一定的报酬，翻译成了一种商业契约关系。译者往往不太情愿从商品生产者这一层面来理解这一角色，但既然这种商业行为明白存在着，就没有必要遮遮掩掩。商业行为是建立在买卖双方自愿的基础之上的，它本身超越了个人朋友交往的情感因素，是一种公开的契约行为，契约双方需要按照合同约定，严格履行自己的责任和义务，同时享有各自的权利。如果译者提供的商品（译文）无法满足委托方的要求，不但会影响译者个人的信誉，导致其失去信誉和市场，而且还有可能要承担因违约而造成的后果。

以上这三种角色，需要译者时刻有清醒的认识。译者既需要对原作和原作者负责，也要对委托方负责任，还要对读者负责。译者明确了自己的角色，也就明确了所肩负的责任。总之，译者要有高度的责任心，而这种责任心，离不开译者能力和水平的支撑。

三、笔译者的素养

作为译者，首先要精通源语言，就日汉翻译而言，译者需要精通日语。此处说的精通，要求译者的日语水平至少达到准母语的程度。而且，要求译者不但精通当下使用的日语，也要掌握近代和古代日语。如果将当下的日语看做一个点，那么，译者需要掌握从古代日语到当代日语的"一条线"。只有这样，译者才能更好地理解日语的发展变迁，对当代日语有更深层次的把握。

译者不但要精通所翻译的语言，而且要不断锤炼自己的母语汉语，让汉语表达既流畅、精准，又简洁、优美。在翻译实践过程中，有些译作经常会出现词不达意、不知所云、如鲠在喉的情况；也经常出现译文拖沓冗长、平淡无味的现象，令读者感觉阅读译文不如阅读原文顺畅、优美。因此，译者应该长期坚持学习、锤炼自己的母语，努力锻炼文笔；同时有意识地将汉语、日语同其他语言进行比较，更加明确汉语表达的特殊性，在翻译实践过程中不受原文语言和语法结构的影响，翻译出地道的汉语文本来。例如，汉语多通过上下文的意思来连接句子与句子、分句与分句，因而连接词的使用并不多见。而日语和英语等其他语言，则通过明确的连接词表达句子与句子、分句与分句之间的关系。如果不能很好地掌握汉语表达的这一特性，译文往往受到原文语法和用词的影响，会频繁出现连接词。当然，现代汉语从语法上出现了欧化现象，大量使用连接词。

在日汉翻译领域，不但需要译者精通日语和汉语，还需要译者掌握其他语言，尤其是对日语影响较大的英语。日语是一门较为开放的语言，近年来吸收了以英语为主的大量外来语，而且日语的语法结构也受到了英语等西方语法结构的影响。所以，掌握英语，对于

提高日汉翻译效率和准确率，非常必要。当然，如果再掌握几门其他语言，通过各种语言之间的比较，可以更好地从事日汉翻译工作。

语言是文化的载体，译者除了精通语言，更需要了解其背后的文化。因而，需要译者作为一个"杂家"，对所翻译语言的国家有广泛的认识和了解，至少对其历史、文化、社会状况有较好的把握。这样一来，至少可以避免翻译过程中出现常识性错误。当然，关于一个国家的知识无穷无尽，想要面面俱到绝无可能。最大限度地广泛涉猎各种知识，是译者的一个基本修养。

除了广博的知识，还需要译者在某个或几个领域有专长。承接翻译任务时，所翻译文本原则上应该是自己比较熟悉的知识领域。只有这样，才能结合自己的专业基础更好地理解原文表达的逻辑关系，得心应手地使用专业术语，甚至可以发现原文中的错误，及时予以纠正。比如，历史学经常出现大量的人名和地名等专有名词，原文的拼写方式因拼音标记体系的不同或者因距离当代较为久远而有不小的变化，汉译时便要特别留意，避免出现硬伤。

当然，一个优秀的译者，更应该是一个研究者。研究和翻译虽然是两个不同的领域，但二者有诸多相似之处。翻译过程经常需要译者查阅、收集、整理资料，并进行分析。这与学术研究的过程大体相似。具有学术研究能力的译者，应该会对原文的理解更加深入、透彻，从而为翻译出更加精准的文本提供保障。关于翻译与学术研究的关系，见本教材第8课。

总而言之，笔译工作需要译者对语言文字怀有崇高的敬意和明确的责任意识，译文一经公之于众，将在时间上和空间上有一定的影响，不再为译者本人所独享。因此译者要时刻提醒自己，以提供最佳译本为己任。编者近年从事日本知名作家、学者陈舜臣先生著作的翻译工作，目前翻译和校译陈先生的著作已超过200万字。起初，之所以乐于承接陈舜臣先生著作的翻译任务，主要考虑到陈先生的多部著作均与中国历史和东西方文化交流史相关，编者恰好有一定的中国历史学基础，所学专业为中外文化交流史。虽说如此，面对学贯中西的大家的作品，编者在翻译时仍然感到力所不逮，这促使编者围绕陈先生的著作，不断阅读相关资料。因而，翻译工作本身也是译者不断学习，不断进步的过程。译者不断加强自己的学养，是完成高质量翻译的重要环节。

上　基础篇

第1课
翻译准则、类型和基本技巧

一、翻译准则

翻译是一个古老的语言交流行为，究竟以什么为标准，历来为翻译家所议论。近代启蒙思想家严复提出的"信""达""雅"三个标准最具代表性，是经常为译者所参照的标准。尽管每个人心中可能对"信""达""雅"有不同的理解，但它作为翻译的基本准则，一直为译者所讨论，并且其内容不断丰富。因此，如今译者所讨论的这套翻译标准也与严复当时提出的标准存在很大差异。

（一）信

"信"是严复提出的第一翻译标准，可以简单地理解为忠实于原文。任何优秀的翻译，都是以"信"为前提的。所谓"忠实于原文"，即要求译者完整而准确地表达出原文的意思，不得以译者的意志任意曲解原文，或对其篡改、增减。不忠实于原文，便无法传达原文的意思，翻译便失去了沟通的功能，或者因为错误的翻译而酿成大错。

然而，在翻译实践中遵守"信"的原则并非易事。要想做到最大程度的"信"，就需要译者尽量采取"直译"或"硬译"的方式，既保持原文内容，又保持原文形式。但不同语言，其行文形式很难一致。比如日语和汉语，分属不同语系，谓语和宾语的语序大为不同，翻译时几乎难以做到保持原文的形式，往往要采取"倒译"等翻译技巧。这种翻译，是否还可以称为"信"，不同译者便会产生分歧。

所以，我们在这里理解的"信"，首先是要将原文内容正确地翻译出来，同时尽量做到"形似"，保持原文的形式。比如原文都是由短小的句子组成的，从"信"的角度，也要翻译为短小的句子。至于是否保持原文的语序，则需要译者灵活处理，不可"因形害意"。

总之，对"信"的理解不可过于机械、生硬，忠实于原文的内容是"信"的核心。这里说的内容，主要指原文所叙述的事物、现象和逻辑，以及其中蕴含的立场、情感，等等。

（二）达

"达"是严复提出的第二翻译准则，是在"信"的基础上，做到译文通顺，符合汉语的表达习惯，没有逐词硬译、语言晦涩、文理不通、语法错误等情况，它是一个使译文看不出翻译痕迹的过程。

"达"必须以"信"为前提，不忠实于原文，再通畅的译文也会被质疑。在翻译实践中，我们难免受到原文表达方式、语序的影响而出现译文生硬等现象，尤其是日语原文中存在汉字，以及日语语序与汉语的不同，译文经常出现原文的"负迁移"，看似忠实于原文，实则不符合汉语表达习惯。"达"基本上就是对这些"负迁移"问题的处理。

（三）雅

"雅"是严复提出的第三翻译准则，是在"信""达"的基础上，让译文更加具有可读性，即通常所说的"文采"。它是一个全面把握原文，提升译文水准的过程。"雅"不但要求对原文内容的精准把握，要求译文通顺、流畅，更需要考虑到原文所在的文化、民族、时代、地域，结合原文的语言风格、技巧等因素，对原文内容背后的"思想""精神"等非原文文字所能表达出来的内容进行把握，创造性地在译文中体现出来。当然，追求"雅"的标准，切不可对原文进行过度解读，为了追求华丽的辞藻而缺乏对原文的忠实度。

如果说"信""达"是翻译遵循的基本准则，那么"雅"则在某种程度上是翻译追求的目标和境界。要达到译文的"信""达""雅"，既需要译者对原文有精准的把握，又需要熟练掌握并运用各种翻译技巧和方法，以负责任的态度对待翻译工作。最终呈现的译文，不但应该兼具原文的形神，而且看不出翻译的痕迹，是一部"再创作"的作品。

二、笔译类型

根据译文与原文的对应关系，译文可以分为两类，即全文翻译（全译）和编译。编译又可细分为节译、缩译和摘译。

（一）全文翻译

全文翻译是将原文的内容百分之百翻译过来，将原文的内容和结构以及其他一切信息均保留下来，最大程度保持原貌，让读者全面掌握原文内容。一般而言，多数文学作品采取全译的方式。

（二）编译

编译是译者对原文的结构进行适当调整，对内容适当裁剪，保留原文的主要内容或部

分内容，包括节译、缩译和摘译。节译一般以章节和段落为单位，是将能够表达原文主题思想的重要章节和段落翻译出来，而省略与原文主题相关度不大的部分。节译之后汉语文本的结构和所表达的内容仍然相对完整。缩译一般以句子为单位，是将原文能够表达主题思想的句子选取出来，翻译之后由译者进行一定的编排和整合。摘译是根据作者自身或委托方需要，对原文中所需部分进行翻译。摘译的译文，与结构是否完整无关。节译和摘译往往可以使用合并法，而缩译则使用概括法。

编译虽然要求尽力保留原文的主要内容（摘译除外），但已经改变了原文的面貌，译者根据自己的理解，加入了过多的主观因素。因此，与全译相比，编译需要译者非常慎重。那么，为什么会出现编译的情况？首先，从原文的内容来考虑，原文中有可能出现与主题关联度不大的内容或者因民族、政治、意识形态等原因，出现不适合翻译的内容。其次，从委托方需求的角度而言，委托机构出于资金、时间、篇幅限制或其他原因，会选择编译。比如政论文，通常会以编译形式来翻译，由译者或委托方根据需求对原文内容进行取舍。

另外，在学术类或文学类译著中，还会出现一种辑译的情况，或者是根据主题，选取不同作者的文章，组成文集；或者收集某一作者的所有著述或部分著述，组成文集，再集中翻译。

三、翻译基本技巧

翻译是一个非常专业化的领域，长期以来，翻译理论工作者和实践人员总结出丰富的翻译技巧。这些翻译技巧可以分为字、词、短语、句子、篇章等层面。本书无法也无意面面俱到，鉴于字词是语言表达的基本单位，句子是语言表达的核心单位，仅举出以字词和句子为主的主要翻译技巧。

（一）增译与减译

在句子的翻译过程中，经常需要译者根据情况增加或减少内容，即增译和减译，它们是一种常用的翻译技巧。增译，又称加译或补译，即译者通过上下文关系，在某处适当添加原文所没有的内容。主要有如下几种情况：第一，补充原文缺省的内容；第二，在句子或段落之间增加连接词；第三，对原文不明确之处适当添加内容；第四，出于汉语译文节奏感和美感的需要，适当补充内容。增译有时会同时出现上述几种情况，因而既可以明确原文的表达，又可以增加译文的节奏感等。也有学者总结道："至少有三种加词，即结构加词、逻辑加词、解释加词。"[1]

---

[1] 陶振孝、赵晓柏编著：《实用汉日翻译教程》，高等教育出版社2012年版，第259页。

减译又可称为简译或略译，由于中日语法结构、语言表达习惯上的差异，有时逐字照搬原文反而不利于明确、简洁地传达原文语义，此时在不减少原文语义的前提下，应根据汉语表达习惯适当减译。

1. 增译例

例1

【原文】

ただの天下大乱ではなく、その前になまじ光明がほのみえたので、時代は人びとにとって残酷でありすぎた。

【译文】

不仅是天下大乱，之前隐约可见的些许光明也若隐若现，对于人们来说，这一时代实在太过于残酷。

【分析】

原文中出现了"ただ……ではなく"的表达，汉译出现"不仅"之后，通常会出现"也"字。而"也"字在原文中并未出现。这种增译是出于译文表达的需要。

例2

【原文】

そのほかの諸設備も、いずれも仮のものである。天子を葬る御陵も、いずれ北帰したときに盛大に造営して、いまのところから改葬することになっている。

【译文】

（临安城的）其他皇家建筑都是临时性的。皇陵也全部从简，打算收复中原后再大规模修建，然后从现在临时下葬的地方改葬过去。

【分析】

考虑到原文"天子を葬る御陵も"之后出现了"いまのところから改葬する"，显然添加"全部从简"比较容易衔接。这种增译是出于语义衔接的需要。

例3

【原文】

あっけない造反であったが、楊玄感はまたたくうちに十万の兵を集めている。隋王朝はもはや信頼されていなかったのである。

【译文】

虽然此次造反不值一提,但杨玄感眨眼之间便聚集了10万之众的兵力。<u>可以看出</u>,隋朝已经失去民心。

【分析】

原文末尾出现了"のである",用于对前句进行解释说明,此处通过增加"可以看出"来连接两句,使得句子更加流畅。此处的增译,考虑的是两个句子之间的衔接。日译汉过程中,这样的处理非常必要。

例4

【原文】

いくら元好問が背のびをしても、中国文化の正統を伝える<u>のが</u>、南にうつったのははっきりしている。

【译文】

无论元好问如何不甘落后,显然,传承发展中国文化的<u>大任</u>已经转移到了南方。

【分析】

原文分句的主语"のが"是形式主语,需要根据语境适当添加具体化的表达。

2. 减译例

例1

【原文】

家のきずながはるかに強かった<u>時代だから</u>、梁上の君子の話などに、少年玄奘は血がさわいだかもしれない。

【译文】

但在那个家族联系十分紧密的时代,少年玄奘或许仍然会对"梁上君子"的故事激动不已。

【分析】

汉语经常通过逻辑关系表达两个句子或分句之间的关系,此处原文表示因果关系"だから"汉译时被省略掉,丝毫不影响汉语的表达,而且使语句更加简洁明快。

例2

【原文】

この馮若芳は、このあたりを通る波斯船を襲い、積荷を略奪し乗組員を奴隷にして<u>働かせていた</u>男である。

【译文】

这位冯若芳曾经袭击经过万安州附近的波斯船，抢劫船上货物，劫持船员并迫使他们沦为奴隶。

【分析】

迫使某人沦为奴隶，其目的就是令其工作，原文中的"働かせていた"有多余之嫌，汉译时将其省略，不影响原意。

例3

【原文】

みやこはあくまでも汴京（開封）で、そこはいま金軍に占領されているが、いつかは復帰すべき場所である。

【译文】

在南宋眼中，汴京（开封）始终是宋朝首都，现在被金军占领，但未来终将失而复得。

【分析】

原文"みやこは……場所である"是一个名词句（判断句），汉译时经常将这种名词句译为主谓结构或主表结构，因此最后出现的核心名词"場所"便可省略。

例4

【原文】

南宋から金に輸出されるのは、茶葉、薬材、香料、食料、日常品などであり、金から南宋に売られるのは、生活必需品とはいえない毛皮、真珠、人参のたぐいであった。

【译文】

南宋向金输出茶叶、药材、香料、食料、日常用品等商品，而金向南宋输出非日常生活必需的毛皮、珍珠、人参等商品。

【分析】

原文的格助词"から"和两处形式名词构成的主语分句"のは"，是作为黏着语的日语的语法构成形式，汉译时省略，避免句子冗长，表达繁琐。

（二）拆译、合译与调整语序

拆译是将日文中较长的句子汉译时适当拆分成较短的句子，也有人称其为分译。合译是将原文中两个或两个以上句子合并翻译成一个句子。与翻译中大量存在的拆译相比，合译出现的情况较少。在拆译和合译的过程中，往往要对原文的语序进行调整。语序调整中

的倒译，是日汉翻译中的一种常见技巧。

1. 拆译

例1

【原文】

外国の信仰であるが、「空」を説き、解脱をめざす仏教が、盛んになったのも、力至上の時代の一面というべきであろう。

【译文】

佛教提倡"空"，并追求解脱，它是外来宗教信仰，但能盛极一时，也算这个实力至上时代的一个侧面。

【分析】

原文"仏教"之前有较长的定语句，为符合汉语表达习惯，汉译时将核心词"佛教"提前，并在定语句拆分后，与其组成主谓或主表结构。

例2

【原文】

細っこい白い木柵に、紅い薔薇をからませた門がありました。石を畳みあげてそのうえにガラスを植えつけた塀がありました。

【译文】

又细又长的白色栅栏中间有一扇门，门上爬满了红玫瑰。楼房周围环绕着石头砌成的围墙，墙顶上镶嵌着玻璃。

【分析】

此处译文与例1不同，汉译时将原文"門"前的修饰语句一分为二，一部分作为"一扇门"的定语，而另一部分则作为"门"的补语。后面的句子也是如此，将长定语句一分为二。

例3

【原文】

それはこの季節によくある、もう春がきたのかしらと思われるような、ぽかぽかと何か柔らかい暖かいものが、空気の中に浮いているような素晴らしい上天気でした。

【译文】

那天是这个时节常有的明媚天气，空气中似乎飘浮着什么软乎乎暖烘烘的东西，仿佛是春天来了。

【分析】

原文是"それは……でした"的判断句，这样的长定语句，汉译时非拆不可，将"明媚天气"提前，前面适当使用定语，原文中其他定语成分置后。

2. 调整语序

例1

【原文】

たとえば青い空に葉をさしのべ、太陽の方へ向いてぐんぐん育ってゆく若木のようにのんびりした少女でした。

【译文】

这个少女像一棵小树一样，无忧无虑地向蔚蓝的天空伸展枝叶，迎着太阳茁壮成长。

【分析】

原文"少女"前均为定语，根据汉语表达习惯，将中心语前置作为主语，其他成分则作为谓语或表语。这是典型的拆译方法，同时语序也做了调整。

例2

【原文】

どこの級にも、頓智があってたいへん口が軽く、気の利いたことを言っては皆を笑わせることの好きな愚かな生徒が一人や二人はあるものです。

【译文】

每个年级都有一两个这样无知的学生，他们有些小聪明，口齿伶俐，喜欢说些俏皮话引得大家发笑。

【分析】

原文"生徒"前定语过长，保留其中的一部分，将其他部分置后。拆分的同时，语序做了相应调整。

例3

【原文】

前をちょこちょこ歩いてゆく女のねじパンのような束髪の上を、恰度木馬を飛び越える要領で、飛び越えてやりたいような衝動を感じるほど、二人は元気でした。

【译文】

看见前面头发梳得像螺丝面包一样的女人一路小跑，她们俩打起精神，拿出跳山羊的劲头，一心想要超过她。

【分析】

汉译时将原文结句部分"二人は元気でした"置于中间,使得译文更加流畅、易懂。

3. 合译

例1

【原文】

高官顕職の人ではなかったが、多くの人に親しまれ、敬愛されていた人物である。

【译文】

虽然他不是达官贵人,却深受众人爱戴。

【分析】

将"被众多人们亲近、敬爱"合并为"深受众人爱戴",使得译文更加简洁明快。

例2

【原文】

七品官以下の者は茶を飲んではならぬという法律が、このころ定められている。七品官以上の者、すなわち日本でいえば、高等官以上でなければ、茶を飲んではならないのである。

【译文】

当时的法律规定,七品以下官员不许饮茶,也就是说不是七品官以上位高权重的人(相当于日本的高级官吏)就不能喝茶。

【分析】

译文将原文中出现的"法律が、このころ定められている"被动句直接合并,变成"当时的法律规定"。

(三)词性转换

翻译时经常需要对句子进行适当转换,包括词性转换、句子成分转换和主体转换等。本书仅举例介绍词性转换,它也是日译汉中的常用翻译技巧。由于日语和汉语表达形式与习惯不同,因此无法完全逐词对应进行翻译。为了让译文更符合汉语表达习惯,翻译时经常需要将原文部分词或词组的词性加以转换。常见的转换方式有名词转动词、名词转副词、动宾词组转形容词,等等。

例1
【原文】

玄奘の洛陽脱出は、王世充の簒奪前のことだが、もうすこし遅れていたなら、逃亡とみなされたにちがいない。

【译文】

玄奘逃出洛阳是在王世充篡位之前，若稍有迟疑，肯定会被视为逃亡。

【分析】

原文"洛陽脱出"是复合名词，"脱出"是动词性质的名词，汉译时将其转换成动宾词组"逃出洛阳"。

例2
【原文】

また右の数字はあくまでも現存するものの数で、こわれてしまったり、まだ発見されていないものも若干ある可能性はあろう。

【译文】

上述数字不过是现存的石窟数，还可能有被损坏的或尚未发现的石窟存在。

【分析】

原文中的"可能性"是名词，汉译成"可能"，变成了副词。

例3
【原文】

人びとはなじみのある長安の名称を用いることが多く、それが通り名になってしまった。

【译文】

人们常常使用长安这一熟悉的名称，长安便成了通称。

【分析】

原文"なじみのある"是动词词组，汉译为形容词"熟悉"。

例4
【原文】

彼が有名なのは人物鑑定のたしかさで、さまざまな話が伝わって、なかには誇張にすぎるものもある。

【译文】

他因评定人物准确而闻名，有许多轶事流传至今，其中也有过于夸张的故事。

【分析】

原文"人物鑑定のたしかさ"是一个名词词组，汉译时转换成了动补关系的短语"评定人物准确"。因为日语的"主宾谓"语序，经常会出现"名词＋动词"这样的词组，而汉语的"主谓宾"语序，更多使用"动宾"结构。

（四）具体化与抽象化

为了使译文更符合中文表达习惯，在翻译过程中，需要根据实际情况对原文句子中的某些成分灵活地具体化或抽象化。具体化主要有两种情况，一是指翻译时将原文中具有指代性质的词翻译成所指代的具体内容，这些具体内容要根据上下文来确定；二是根据原文的上下文容易理解之处，汉译后则难以理解，此时多需要进行具体化处理。具体化往往也与增译联系在一起。抽象化与之相反，是将原文中具体性的表达，用指代等抽象形式翻译出来，其目的是令译文更加简洁、紧凑。抽象化也经常与改译或意译联系在一起。

1. 具体化

例1

【原文】

楊玄感はそんなことから謀反をたくらむようになっていた。

【译文】

杨玄感有所不满，因此耿耿于怀，暗地里图谋造反。

【分析】

原文中的"そんなこと"，是指杨玄感的不满，汉译时需要根据上下文的指代关系，将其补充出来，即将原文代词翻译成所指代的具体内容。

例2

【原文】

北宋と遼（契丹）とのあいだで結ぼれた「澶淵の盟」は、北宋が毎年絹二十万匹、銀十万両を贈ることになっていた。しかもこれは後になってベースアップされた。

【译文】

北宋和辽（契丹）缔结的"澶渊之盟"规定，北宋每年向契丹进贡20万匹绢，10万两白银。而且后来纳贡的额度还有所增加。

【分析】

如果直接将"これは"译成"这",则语义不明确,因而根据原文上下文语义,将"20万匹绢,10万两白银"概括为纳贡,后面再添加"额度",使得汉语表达更加明确。

例3

【原文】

『法師伝』の記述からは、そのようなにおいはしない。

【译文】

至少按照《法师传》的记述,没有动乱的迹象。

【分析】

原文中的"におい"是一种比喻,汉译时将比喻的部分根据上下文还原为"动乱的迹象"。

例4

【原文】

ともあれ、隋末の洛陽はたいへんなところであった。

【译文】

总之,隋末的洛阳生灵涂炭。

【分析】

原文中的"たいへんなところ",汉译时如果不做具体化处理,则难以解释清楚,根据上下文谈及社会动荡、民不聊生的状况,将其译为"生灵涂炭"。

2. 抽象化

例1

【原文】

大興城では建設の槌の音が高らかに響き、それに呼応して、中国全土に新しい時代への期待があったにちがいない。

【译文】

大兴城建设的嘈杂声此起彼伏,与之相呼应的是整个中国对一个崭新的时代的憧憬。

【分析】

原文"建設の槌の音が高らかに響き"非常具体,将"槌の音"抽象为"嘈杂声",更容易让读者理解。

例2

【原文】

子供のころ、私はよく父や祖父から、ご先祖陳寔の話をきいた。ご先祖といっても、千七、八百年も前のこととときくと、まるで別世界の話のような気がした。

【译文】

孩童之时，我常常从父亲和祖父那里听到祖先陈寔的故事。虽说是自己的祖先，听到这些1700多年前的故事，总有一种遥不可及的感觉。

【分析】

原文中"別世界の話"比较具体，汉译时意译为"遥不可及"，实际上是对"別世界の話"的抽象。

例3

【原文】

地上から前王朝の痕跡を、根こそぎ消えそうという、いかにも執念深い計画であった。

【译文】

试图将地面上的前王朝的痕迹消灭殆尽，俨然是对前朝耿耿于怀。

【分析】

原文"根こそぎ消えそう"是日语固定表达，表面意思很具体，汉译时需要根据上下文，翻译成"消灭殆尽"或"斩草除根"等。

例4

【原文】

また長安の李淵は、隋の八柱国といわれる名門の一人であるのにくらべて、王世充は西域出身で、隋の譜代ではない。

【译文】

而且长安的李渊是隋的名门八柱国中的一人，而出身西域的王世充并非隋的正统。

【分析】

应特别注意日语中特有的汉字词语，照搬原文将造成译文生涩费解，为准确明了地传达原文意思，有必要将其抽象化或引申为地道的汉语表达。

第2课
笔译基本流程

笔译流程包括宏观和微观两个层面。就宏观层面而言，是翻译委托机构、翻译人员、审校、排版人员参与的过程，主要包括选定源语文本、设定翻译标准及格式、选定翻译人员、译员翻译、文稿审校、交稿排版、出版发行等。就微观层面而言，是译者从承接任务到完成任务的过程，包括翻译前的准备、文本初译、校译、交稿，其中的核心环节是译者揣摩原作者意图，就字面意思翻译，提供多种表达方式，结合上下文选定恰当语句。本书仅就微观层面加以探讨。

一、笔译的准备

笔译的准备可分为长期准备和短期准备。长期准备即作为一个合格译者的基本训练和修养。此点已经在绪论中说明，不再赘述。短期准备指承接翻译任务之后，为更好地理解原文，完成翻译任务而有针对性的准备。笔译最大的忌讳是拿到文本后立即着手一字一句翻译。

（一）要在吃透原文方面下足功夫

为此，需要对原作者写作动机、写作背景等因素进行调查，甚至需要扩展开来，对其人生经历、作品整体风格等内容做广泛调查。此处仍以陈舜臣先生著作的翻译为例。近年编者受邀主持二十余卷陈舜臣先生随笔集的翻译工作，并翻译了其中的几部著作。《通往天竺之路》是陈舜臣先生的一部重要作品，主要记述汉朝和唐朝时期包括玄奘在内往返于印度、中国的僧侣学习、传播佛教的历程。为此，编者一方面广泛阅读了陈舜臣先生的几乎所有著作，包括文学创作、学术著作等，对其作品的写作技巧、风格、人生经历等内容有了初步认识；另一方面围绕法显、鸠摩罗什、玄奘、真谛等人物进行了各种调查，认真查找并阅读了记载这些人物的《法师传》《行状》《续高僧传》《开元释教录》等历史文献，又阅读了有关佛教、丝绸之路等资料。动笔翻译之前，通读了几遍《通往天竺之路》，将文本中不熟悉的内容一一加以处理。

（二）要事先设定翻译体例、格式

笔译工作是非常细致、耗时的工作，与其翻译完初稿后对格式和体例再进行调整，莫如动笔之前做好规范。这些体例规范主要包括以下几点：第一，以现代汉语标准确定专业术语表述，尤其是人名、地名的表述。如近代日语文本中出现的"卢骚""巴里"，汉译时要统一译为"卢梭""巴黎"，除非为了还原历史原貌而特意保留这些过去的译法。第二，要设定统一的数字、年份表述的形式。是使用阿拉伯数字还是汉字数字，需要统一标准，尤其是日文著作多为竖版，数字通常使用汉字数字标记，而不是阿拉伯数字（这种情况在欧美语言翻译成汉语时几乎不会出现），而中国的出版机构一般对汉字数字的使用和阿拉伯数字的使用有较为严格的区分，翻译之前需要译者对出版社或中国的一般规范要求有所了解。再如，原文中出现日本纪年明治二十二年，汉译时一般需要译者在"明治二十二年"之后添加公历纪年"1889"，便于读者理解。

（三）需要在时间和精力上做好充分准备

承接翻译任务时，尤其是大部头著作翻译时，应该估计好所花费的大致时间，保证有充足的时间和充沛的精力从事翻译。一般而言，多数翻译工作者均兼职从事翻译工作。如何在做好本职工作又要充分休息好的同时，确保充足的时间和饱满的精力进行翻译，是对译者的一个考验。就编者的经验而言，编者身为高校教师，有较多的自由时间，平均每天可以保证2~3小时的翻译时间，初稿翻译按照每小时大概完成500~800字计算，每天大致翻译2500字左右。那么完成一部25万字作品的初译，至少需要3个多月的时间。如果再加上几次校译、润色、添加译者注释、前言后记等时间，至少需要半年甚至一年时间才能完成。

（四）需要认真调查是否有其他译本，尤其是否有汉译本

出版社委托的翻译作品，不乏经得起时间检验的优秀作品，它们或者具有较强的思想内涵，或者具有较大的学术价值，或者具有较高的文学水准，或者几者兼具，因而在汉译之前不排除已经翻译为其他语言的可能性。译者有必要收集到其他译本，作为翻译的参考。如果译者就某些存疑文本能够直接与原作者沟通，便会大大提高译文的准确性和质量。但是，往往多数译者不具备这样的条件，译者与原文作者联系本身就不是易事；即使取得联系，原文作者是否有时间和精力回答译者的疑问，也是一个问题。而且，翻译在很多情况下，是在原文作者去世之后进行的，没有同原文作者沟通的任何可能性。这样一来，有一部或者几部其他语言的译本作为参考，便显得弥足珍贵了。

被委托的原文已经出现其他汉译本的几率不是很大，但决不能排除这种可能，主要有以下几种情况：一是存在距新译时间较远的老译本；二是境外的汉译本；三是其他出版机

构近期出版的汉译本。如果是第三种情况，多是出版社未掌握相关出版信息所致。此时建议译者直接跟委托方联系，协商是否有必要继续翻译。当然，也不排除委托方认为其他译本不够精良，重新翻译的可能，但原则上此时委托方会向译者提供这些信息。还需要注意的是，还有可能出现汉译节译文本的情况。

作为翻译准备的一环，如果找到参考译本，应该会为翻译提供不少便利，尽管它们可遇不可求。但是，在有其他汉译本做参考的时候，要多加注意，尽量不要过多受其译本的影响，尤其不可投机取巧，在既有汉译本上修修剪剪，否则很容易出现抄袭其他译本的嫌疑，一旦引起著作权纠纷，译者本人和出版机构都会深受影响。编者建议，其他汉译本可以事先收集到，但翻译之前不要仔细阅读该译本，而是在翻译过程中遇到难解之处时拿出来参考，或者在全文完成初译之后，校译时再仔细参考。

（五）源文本的电子化，将事半功倍

在科技日新月异的今天，翻译在科技的助力之下，会稍显轻松。译者也应该与时俱进，掌握并运用各种有利于翻译的科技手段，以提高翻译效率。在翻译事前准备过程中，如果源文本不是电脑办公软件直接可编辑的文本，建议将其进行OCR处理，变成电脑可编辑的文字。（详见第3课）

目前，多款OCR处理软件对各种文字的识别率已经达到很高的精度，译者只要略作修正，便可获得质量较高的可编辑文本。一旦文本可以编辑，便可大幅度提高翻译效率。比如，译前通常要通读几遍原文，从整体上对原文进行把握。如果遇到生词或者不常用的表达，可编辑的文字在查找字典和做笔记方面，会节省大量的人工。而且在翻译的过程中，采取左右对照的形式，在同一屏幕上，避免不必要的翻页和视线偏离，也可以提高翻译效率。在校译环节，也可以因此提高效率。

如果有其他参考译本，也可以将其识别为可编辑文本，然后以分栏形式，将原文文本、参考译本以段落为单位，一一对应起来，最右一栏可以留作汉译。

总之，一部译稿是否精良，与译者所做的长期和短期准备息息相关。以精益求精的匠人精神，以负责任的态度对待翻译工作，是每个笔译从业人员必备的素质。现以竹久梦二童话集的翻译为例，探讨翻译前准备工作的必要性。

【原文】

おなじ人間に生まれながら、こんな田舎で、朝から晩まで山ばかり見て暮らすのはつまらない。いくら働いても働いても、親の代から子の代まで、いやおそらくいつもでたっても、もっと生活がよくなることはないだろう。牛や馬の生活と異った（違った）ことはない。たとえ馬であっても都で暮らして見たいものだ。広い都のことだから、馬よりはすこしはましな生活が出来るだろう。留吉はそう考えると、もうじっとしていら

れない気がするのでした。

【译文1】

虽然生活的世道一样，但是在乡下从早到晚只是面对着山，生活是多么无聊啊。即使是多么勤快的劳动，从父辈到子辈，恐怕也不知道到什么时候才能摆脱这像牛马一样的生活吧，或许就连牛马这些动物也会想要生活在都市之中。在大的都市，人应该比马更容易适应吧，这样想着的时候，留吉觉得自己应该采取点行动了。

【译文2】

同样是人，而我却生在这样的穷乡僻壤，每天除了山什么都看不到，多么无聊啊！不论多么辛勤地劳作，从上一辈到下一辈，恐怕世世代代都不能过上更好的生活。这样的生活和牛马又有什么区别呢？就算是牛马，也想在都市生活吧。都市天地广阔，我应该能比一匹马过得好吧。留吉这样想着，便迫不及待地收拾行囊前往都市了。

【分析】

竹久梦二是日本大正、昭和时期的画家，尤其以插画见长，在日本近现代美术史上占据一定的地位；作为丰子恺推崇的日本画家，竹久在中国也有一定的影响。竹久也是知名儿童文学家，编辑和创作多部童谣、童话集。目前，日本有几座竹久梦二的主题博物馆。为了更好地理解竹久的作品和精力，编者在翻译之前做了精心的准备，收集了竹久梦二的多部作品，并利用日本出差机会特意参观了位于东京和金泽的两座竹久主题博物馆，对竹久梦二有了较为全面的理解。

译文1显然翻译之前准备不足，出现如下问题：

第一，未吃透原文的意思，出现多处严重误译，如将"馬よりはすこしはましな生活が出来るだろう"误译为"人应该比马更容易适应吧"。

第二，未吃透原文的写作风格，将原本应该简洁、明快，适合儿童阅读的童话作品翻译得拖沓、平白，失去了童话作品的美感。

第三，缺乏基本的翻译训练和翻译技巧，导致文笔杂沓，缺乏流畅性。

二、试译

试译是根据委托方要求，对原文部分章节进行尝试性翻译，也有译者自行试译的情况，而以前者居多。一般而言，试译的字数少则三五百字，多则两三千字。原则上，试译文本为正文，不包括序言、后记等导引性和附属性部分；有时委托方直接指定试译的章节。纯粹的市场翻译行为，试译是必不可少的环节。当委托方第一次委托译者翻译时，一般都会要求试译，如果委托方对译者的水平比较了解，这个环节有时会省略。但是，当委托翻译的文本量非常大，比如为多卷本、由多名译者合作译出时，一般会要求每位译者提

供试译稿。

从委托方的角度来讲，试译的主要目的如下：一是检验译者的翻译能力和水平。如果译者提供的试译稿无法满足委托方的要求，委托方有可能直接终止与译者合作，拒绝签订翻译合同。二是委托方通过对译稿的审评，对译文的文风、格式等内容提出一定的标准和要求，让译者遵循这些标准和要求进行翻译。当多人合译时，通过试译稿事先达成某种程度上的统一，有利于后续译稿的处理。三是将试译稿作为衡量全部译文文本的标准。译者提供的试译稿，多经过反复推敲打磨，具有较高的质量，但在正式翻译文本时，由于翻译量大，译者如果无法投入足够的时间和精力，翻译质量难免会下降。此时委托方可以通过与试译稿进行对比，评审正式译稿的质量。如果正式译稿质量低于试译稿，委托方往往会敦促译者修改译文，达到试译稿的标准。

从译者的角度而言，也有必要在正式翻译前进行试译。首先，通过试译，译者判断原文是否合适自己翻译。如果原文并非译者所熟悉的领域，翻译时有很多难以理解的表述，就会导致译文生涩或错误过多，并且花费过多时间，缺乏翻译效率。此时，译者应该慎重考虑，是否承接这个翻译项目。编者曾经校译过多部历史、文化类译著，有一些译稿的作者显然缺乏某领域的基本常识，致使译稿错误百出，校译时令人非常头疼。因此，委托机构和组织者选择译者时需要严格把关，译者也需要知道自己的能力所在，不可强行翻译。其次，通过试译，可以找出译者存在的问题，就这些问题可以与委托机构协商，之后正式翻译时减少疑问，提高翻译质量和效率。

可见，试译是翻译事前准备的一个必不可少的环节，对提高译稿质量大有裨益，无论是委托方还是译者，都需要予以足够的重视。

三、初译与校译

初译是译者经过认真准备之后，对原文文本进行最初翻译的过程。初译主要是如实地对每一句话、每一段落的文本按照字面意思进行翻译，是忠实于原文的过程，能进行直译的，要尽可能地直译。需要注意的是，不应该将初译理解为初步翻译，对于翻译中存在的问题不求甚解，想要事后再处理。相反，应该将其视为翻译过程中最为重要的环节，尽量提供最好的译稿，解决翻译当时遇到的所有问题。其实，初译稿的质量，直接影响甚至决定终译稿的质量，也影响校译工作是否顺利。一部优秀的译稿，首先应该有一份较为优秀的初译稿。尝试通过校译来大幅度改善译稿质量的想法是不可取的。

校译是对初译稿的查缺补漏，主要检查初译稿是否有漏译、误译、错别字、文本繁琐等问题，是提升译文质量的重要环节。一般而言，很少有译者能够一次性地提供完美无瑕的初译稿，初译稿总会出现译者关照不到的各种问题。因此，译者切不可对初译稿的质量

过于自信，一定要在校译方面下足功夫。当然，校译既可以由同一译者完成，也可以由其他译者负责。无论由谁负责，均需核对原文，逐字逐句进行校译，而不是脱离原文，只阅读初译稿，或者仅觉得初译稿有问题时才核对原文。

一般而言，某一段落或几个段落初译完成之后，译者会就这些段落进行初步校译，是零散的、局部的，也就是说实际上译者提供的初译稿已经经过了自己的一轮校译了。然而，这样做不能取代初稿全文完成之后的校译环节，只能算作初译中的一个环节。校译一般是在所有初译稿或者章节的初译完成后，回过头来对全文或某些章节的重新审视。

如果是初译者本人进行校译，最好距离初译稿完成间隔一段时间，短则几个小时，长则几天。如果校译距离初译稿完成时间较短，思维仍然停留在初译时的逻辑之中，就不容易发现初译稿中存在的问题。相反，间隔一段时间之后，校译者可以重新整理思路，更换角度，全面透彻地理解原文。

对于一篇优秀的译稿而言，仅有一次校译是不够的，最好有第二次、第三次校译。为了更加精准地把握原文，有一些专业的译者还会以回译的形式进行校译。所谓回译，就是将已经完成的译稿，重新翻译成原文本，然后将其与原文本进行比较，分析有差异的地方，进而重新审视译文。当然，回译是更加耗时、费力的操作，在重视效率和利益的今天，除非那些专事翻译的知名翻译家，很少有人坚持这样的校译方式了。

四、汉语润色

一部优秀的译稿，是看不出翻译痕迹的，最终形成的汉语译稿，需要作者精心打磨、推敲。初译和校译时，译者容易受到原文本的语序、表达等束缚，不知不觉会出现较为生硬的表达。与初译和校译完全准照原文所不同的是，汉语润色可以脱离原文文本，从流畅度和文采等方面下功夫。具体说来，包括修改译词、调整语序、删减冗余、把握节奏感，等等。按照严复的翻译标准，润色是让译文达到"雅"的过程。

根据编者的翻译经验，润色时最好找不懂原文语言的人员事先通读一遍，就译文提出一些意见。如果润色者熟悉原文的语言，其表达方面有可能受到原文语言的影响，不容易发现汉译文本中存在的表达问题。编者曾经做过这样的实验，让懂得日语的人润色"河流的上流"，润色者一般不会提出修改意见；但是让不懂日语的人来润色，润色者则经常会提出将其修改为"河流的上游"的意见。日语中"上流"一词，可以翻译为"上流"和"上游"，二者意思相同，但中国人更习惯于使用"上游"一词。

需要注意的是，由于润色脱离了原文本，所以润色需要把握好尺度，切不可为了追求译文的工整、优美而"过度"润色，从而失去对原文的"信"。

五、交稿

　　交稿是微观翻译流程的最终环节。经过事前准备、初译、校译、润色，译者最终提交的译稿应该是令自己满意的文本，经得起委托机构和读者检验的文本。因此，在交稿之前，译者需要从整体上对译稿进行检查。首先，需要最后认真检查文本是否有错误，尤其是错别字等基本错误，不要抱着瑕不掩瑜的心理，忽略对错别字的检查。一般而言，委托方允许文本有一定的容错率，比如万分之一等。使用拼音打字的文本，比较容易出现同音的错别字，检查时也容易忽略，尤其是在电脑上检查，更容易忽略。编者建议交稿之前，将译稿打印出来，逐字逐句翻译阅读纸稿，不放过一个字，一个标点。

　　其次，需要通篇检查是否符合委托方关于翻译格式的要求，包括字体、字号、引文处理、数字使用规范、标点使用规范等。多有译者认为，这些格式要求和使用规范是出版机构编辑负责的范围，译者不必太在意。实则不然，一部优秀的译稿是包括这些内容的。译者不应该将自己的分内事推给编辑来处理。

　　交稿之后，委托方或出版机构会对译稿的质量进行检查和评估。如果译稿质量未达标，不但需要返工，还会影响译者在委托方心中的形象。一个不合格的译者是难以扩大自己的翻译业务的。如果译稿通过了质量审查，进入排版的环节之后，出版机构的编辑或许还会就译文的内容与译者沟通。

第 3 课
现代翻译辅助手段

笔译工作是一项耗时耗力的辛苦工作。利用现代化辅助手段提高翻译的效率和质量，是从业人员的期待。电脑和互联网在办公领域普及之前，笔译工作多数只能从纸版的原文到译者的纸版手稿，翻译和文稿传送效率很低，译者所借助的工具书也多为纸版书籍，查阅效率不高。近二三十年来，电子产品、互联网和办公设备的飞速发展，人工智能领域的进步，为笔译工作提供了前所未有的便利条件。因此，笔译工作者也应该与时俱进，最大限度地借助这些现代化手段，提高翻译效率和质量，缩短翻译周期。

一、电子辞典

翻译过程中难免遇到未掌握的词汇、表达和其他信息，因而有必要借助工具书来查阅。传统的纸版辞典是译者案头必备工具，如今，这些大部头的"笨拙的家伙"基本上被小巧玲珑、便于携带的电子辞典取而代之了。走进电子市场，柜台里展销着各种品牌的电子辞典，琳琅满目，其功能也丰富多彩，可手写，可学习，可记忆。一部轻便的电子辞典，里面往往装有几部甚至几十部各语种的辞典和百科事典。

从日汉翻译的角度而言，编者常用的不是这些电子辞典，而是一款由日本人开发的日文电子辞典软件，其功能非常强大，既可以在手机上安装，又可以在电脑上安装。尤其是在电脑前办公时，使用极为方便，大大提高了查询的效率。这款电子辞典软件的电脑版名为EBWin，是在手机版EBPocket开发成功之后研发的，所以也可以称其为EBPocket的Windows版本。

EBWin的安装方法，网络上有详细图解说明，此处不再赘述。这款软件除了提供基本的阅览和检索功能外，还有很多个性化设置。比如检索时可以进行多辞典同时搜索，可进行罗马字识别。阅览时可自定义字体和色彩，关键词可以自定义高亮显示，窗口可以半透明化，等等。更为难能可贵的是，这套软件还具备"新增独立的用户辞典功能"，利用这种功能，用户可自行制作相同辞典格式的个性化辞典，这大大降低了辞典制作的门槛，让文字使用者可以轻松加入辞典制作的队伍中来，因而也会有更多的辞典资源供用户使用。

目前，这个软件可供安装的辞典资源非常丰富，达一二百部之多，涵盖日汉汉日、汉字、日英英日、百科辞典、人名辞典、法令、发音等方方面面，译者可以根据自己的需求

加以选择。现将部分日汉汉日翻译常用辞典整理如下：

（一）日语辞典类：Super日本语大辞典、广辞苑第四版至第六版、三省堂スーパー大辞林第二版、小学馆国语大辞典、小学馆大辞泉、新辞林、新明解第五版、学研国语大辞典、旺文社国语辞典、明镜国语辞典、岩波国语词典第六版，等等。

（二）日汉汉日辞典类：DreyeJC中日日中辞典、大修馆中日大辞典、讲谈社日中辞典、日汉双解辞典、小学馆中日日中统合辞书第2版、金山实用汉日字典，等等。

（三）百科类：PDD百科辞典、PDD人名辞典、TRPG百科事典、ブリタニカ国际大百科事典、历史数据大型版、平凡社百科事典マイペディア1998版、日本主要地名、现代用语基础知识2003年版、小学馆日本大百科，等等。

二、网络资源

网络技术的飞速发展，为翻译工作提供了诸多便利，不但可以通过网络传送文本，即时共享文本，异地共同办公，还可以通过互联网检索各种信息，包括在线查阅各种辞典。电子辞典所承载的主要是语言方面的知识，辞典中百科全书类的电子资源也经常出现时间滞后等情况，而互联网上知识更新较快，信息也更加全面。一言以蔽之，互联网可以弥补电子辞典资源的不足。例如，通常最新出现的词汇收录到辞典中，需要间隔较长时间，而且将来还未必被辞典收录。但新词一旦出现，就会在网络上传播，会有人对其加以解释，提供例句，这可以成为翻译的参考。

网络上的百科内容远远多于电子辞典收录的资源，而且比较新。随着互联网的发展，互联网为译者提供了丰富的知识资源，检索起来十分方便。当然，互联网上所提供的知识，纷繁芜杂，译者需要提高警惕，去芜存精，万万不可照搬照抄。目前比较可信的网络百科资源是各国的维基百科（Wikipedia），学术界在网络上发表的信息，也具有较高的可信度。

近年来，互联网也直接提供了在线翻译，但根据编者的经验，除了日常生活中常用句子的翻译有一定的可信度之外，学术性的和较为复杂的句子，网络上提供的翻译尚缺乏可信度，译者不可盲目借助网络翻译平台。

三、数据库资源及语料库

近年来，各种数据库如雨后春笋般涌现出来，为学术提供了非常多的便利，也为翻译工作带来方便。如中国知网、读秀等学术数据库网站，提供了大量专业论著，译者可以通过主题或关键词检索，为翻译内容提供参考。各种中华古籍，也可以通过数据库进行检

索。因为日本属于汉字文化圈，日文著作中经常引用中国古代的典籍或者近年来报纸杂志中的内容。这些著作汉译时，往往需要译者核实所引用汉语原文的文字。此时，这些数据库资源便会派上大用场。例如"汉籍全文检索数据库"收录了中国古代的经史子集。另如近代报纸《申报》《大公报》等数据库资源利用起来也非常方便。日本也提供了丰富的历史数据库，比如国立国会图书馆的近代电子资料库、亚洲历史资料中心数据库等。

除了各种电子数据库资源外，还可以借鉴语料库。语料库中存放的是在语言的实际使用中真实出现过的语言材料，且以电子计算机为载体，大大方便了翻译和学术研究。翻译时可能会出现无法精准把握日语词汇或者中文词汇在不同语境下的具体含义，这时候我们就可以借助语料库来更好地理解。日文语料库可以参考日本国立国语研究所、东京外国语大学等教学科研单位建设的语料库；中文语料库可以参考北京大学汉语语料库"CCL语料库检索系统"、国家语言文字工作委员会语料库"语料库在线——语料库检索"，等等。

四、扫描仪及OCR识别软件

随着办公现代化，电子文档所占的比例越来越大。编者组织翻译多部作品时，通常仅传送电子文本，既节省时间，又节省费用。前几年编者有幸组织翻译日本著名华裔作家陈舜臣先生的历史文化随笔集，共二十余卷。出版社将样书寄来之后，如何将这些样书分发给译者，成为一大难题，译者不仅不完全在同一省份居住，还有居住于国外者。因此，编者尝试将所有样书扫描成电子文档，直接通过电子邮件等方式传递给各位译者，对于习惯于使用电脑进行翻译的译者来说，也希望直接获得电子文本。

然而，通过扫描仪处理的文档，其中的字符无法进行文字拷贝，译者更希望获得字符可识别的电子文档。其实，很多译者进行翻译之前，都要做各种准备工作，其中一项就是为了翻译时方便拷贝和查阅辞典，将扫描文档处理成可识别的文字。目前，编者所见优秀的光学字符识别（OCR）软件有专业版PDF软件、Fine Reader软件，可以识别多国文字，包括日语。国内也有清华同方、汉王等公司推出的OCR软件。然后，从日汉翻译的角度来讲，编者认为最专业的日语识别软件为日本某公司推出的Winreaderpro，可以进行多种专业设定，比如识别时去除原文的注音假名（ルビ），识别精度非常高。遗憾的是，目前这款软件只能在日文操作系统下安装使用。

经过OCR软件处理的扫描文档，便可以自由编辑了。可以直接将其拷贝到EBWin中进行生词检索，也可以拷贝到互联网上进行信息检索，免去了文字录入过程，提高了检索效率。而且，可以将处理过的文档制成对译文档，让译者在同一电脑屏幕中进行翻译，大大提高了翻译效率，同时也便于自己或他人进行校译。

不过，再优秀的OCR识别软件，都未必能保证百分之百的识别准确率，尤其是在换行

等格式方面，需要多加注意。所以译者需要不断核对纸版或扫描版的文本，不可以OCR识别文本为准。

五、翻译软件

随着人工智能（Artificial Intelligence）技术的进步，各种翻译软件和即时翻译设备不断更新换代，翻译的效果渐渐为人认可。编者认为，简单的日常表达，完全可以借助这些翻译软件或设备。然而，目前的翻译软件，仍然无法满足专业翻译人员的需求。有一些译者先依赖翻译软件进行翻译，然后在此基础上对译文再进行加工整理。编者认为这种方式虽然可以节省一定的时间，但它也限制了译者的思路，其中的错误表述还容易误导译者。总之，目前编者所见各种翻译软件，进行人文社会科学的专业翻译时，难以令人满意。笔者认为，翻译软件只有建立在海量的语料存储和合理而复杂的逻辑计算基础上，才能满足复杂文本翻译的要求。这条路仍然需要很长的时间。

六、网络共享

传统的笔译工作，往往是译者承接任务之后，在办公室或书斋里由个人完成翻译工作，独享翻译的苦与乐。不过，近年来出现了全新的办公方式，即使是在书斋里，也可以随时通过网络与其他译者进行沟通，以团队的形式协作完成翻译工作，大大提高了翻译质量和效率。比如飞书、WPS云文档以及钉钉云文档等在线网络软件，均可以进行高效地文档编辑。编者曾经尝试这种团队协作的翻译。比如一部译稿，由编者主译，而由团队的其他成员帮助提供注释，查找与原文相关的知识，进行校译和润色，最后再由编者进行汇总，翻译由个人作业变成了团队合作。以往耗时较长的各个翻译环节，如今通过这种云文档变得更加紧凑了。甚至可以说顺时性的环节几乎变成了同时性的环节，大大提高了翻译效率。目前，很多商业翻译行为，经常采取这种团队合作的翻译模式。

总之，借助现代化手段，可以提高翻译效率和质量。译者应该与时俱进，有效利用这些最新手段，不断学习，不断积累。但需要注意的是，这种现代化手段，也是一柄双刃剑，利用不当，会有诸多不良影响。比如电子文档因备份不足或未及时备份，因存储设备损坏而导致资料丢失；或者文档传输过程中未做好保密工作，自己辛勤的劳动成果为他人所窃取；或者因长期暴露在这些现代化设备面前，受到辐射，致使视力损伤等，影响译者的身体健康。因此，如何"趋利避害"，合理有效地利用这些辅助手段，也是译者需要多加留意的问题。而需要留意的是，译者使用各种工具进行文字识别、处理时，要注意不要触犯专利权、著作权保护等相关法律。

第4课
语体和文体

笔译和口译的一个重要区别是，口译仅以当下正在使用的日语口语为主，而笔译经常会遇到不同的语体和文体。关于什么是语体，什么是文体，有各种争论，莫衷一是。本书简单地从文言文—现代文的角度来理解语体，从文章的题材和体裁的角度来理解文体。比如文体包括科技文体、政论文体、公文体和文学文体等。[①]各种文体又可分为不同形式，如文学文体可分为诗歌、散文和小说等。

一、语体

译者承接翻译任务时，有时会遇到近代或者古代日语书写的文章。因此，译者有必要对日语的发展变迁有所了解，从事翻译工作，既要精通现代日语，也要懂得近代和古代日语。本节无法对各种语体的语法加以详解，仅就非现代日语的分类、特点、标记形式略做说明。[②]

日语中书面语大概有"文语文"和"口语文"的区别，前者即文言文，后者即口语体。文言文产生于奈良时代，一直延续到第二次世界大战结束，历经一千多年的时间。明治维新之后，日本提倡"言文一致运动"，文言文式微。至1946年，日本政府下令取消使用文言文，一律使用口语文，文言文的使用最终退出历史舞台。口语文是17世纪日本的商人阶层（町人）多用的语体，是以口头语言为基础发展起来的，它也是现代口语文的基础。

（一）日语文言文分类与特点

文言文可以分为古代文言文和近代文言文，前者是明治维新之前的古代日语，后者是明治维新之后到第二次世界大战结束之间的文言文，二者略有区别。古代文言文又可细分为纯汉文体、汉字假名混合体和候文体。纯汉文体对于中国的译者而言，只要具备一定的古代汉语修养，不难理解，而汉字假名混合体和候文体则需要译者专门学习。汉字假名混

[①] 陶振孝对文体分为此四类。见《现代日汉翻译教程》（修订版），高等教育出版社2012年版，第276页。
[②] 关于日语文言文的语法，参见马斌编著《日本文言文法》，北京大学出版社2001年版。

合体又可细分为汉文调的文言文体和日文调的文言文体。顾名思义，前者多由中国传来的汉语词汇为主来表意，而后者则以日语固有的语言为主来表意。候文体主要用于文言的书信和公文之中，因镰仓时代的口语中多使用"候"字来表达郑重或礼貌，其后形成了这种文体。

日语文言文的特点非常明显，首先是吸收了大量古代汉语中的成语、典故，甚至采用汉文的结构。成语和典故多来源于古典文献，如《尚书》《论语》《史记》等著作。因此，具备良好的古代汉语和历史基础的译者，在翻译日本的文言文的众多表达时，会有一种"似曾相识"的熟悉感。日语文言文的另一个特点是大量使用汉字。现代日语中有2136个常用汉字（2010年修订），相较而言文言文使用的汉字非常多，文言文也经常使用汉字来表示现代日语中用假名标的代词、助词、助动词等，而且用多个汉字表示一种意思的情况也比较普遍，比如现代日语中"これ"只用假名来表示，而文言文中会出现"此""是""惟""斯""兹"等表达。

（二）历史假名

古今日语假名的标记方式有较大区别，需要译者在现代日语五十音图的基础上，通过比较掌握古代假名的书写规则。历史假名是江户时代早期契冲和尚整理的，因此也称作"契冲假名"，一直沿用至1946年。再向前追述至镰仓时代，还有藤原定家整理的假名。历史假名主要以平安前期的发音和假名为基础，是将古代用字和发音加以改进的产物。与现代假名以表音为主不同的是，历史假名偏重于语源主义和文法主义，因此具有不易受到历史变化影响的优点。

有人认为"历史假名"和"旧假名遣"有所区别。"历史假名"侧重"规范"，而"旧假名遣"侧重"实态"。例如"或ひは"是事实上存在的旧假名遣，但写法不规范，不能叫做"历史假名"，历史假名写作"或いは"。换句话说，1946年之前尽管有比较规范性的"历史假名"，但实际书写中还是存在非常多的不规范现象。

（三）变体假名

翻译古代和近代日语时，译者经常会遇到变体假名。明治维新之后，日本政府逐渐将假名的标记方式标准化，将同音韵的平假名进行整理，最终制作出了现在使用的五十音图。而那些没有被采用的平假名，则被后人称作"变体假名"。

变体假名主要是指平假名的不同表现形式，一个现代日语假名往往有多个变体假名，如现代假名"え"所对应变体假名有六七种之多，从汉字草书"江""盈""要""衣""得""缘"等字演变而成。因而，熟悉汉字草书的译者，比较容易掌握变体假名。译者可以通过查阅『崩し字典』等工具书，识读变体假名。以下列出部分变体假名。

二、文体

笔译与口译的另一个区别是在翻译过程中，译者会遇到不同的文体。本书按照科技文体、政论文体、公文体和文学文体等不同的文本进行讲解。不同类型的文体，需要译者把握其特点，不可一刀切地加以翻译。

（一）科技文体

科技文体以学术论文和学术著作为主，涵盖范围广，术语多，专业性强，要求译文高度精确，故以直译为主。科技文体最好由熟悉本领域的译者翻译，或译者与本领域专家合作翻译。科技类论文以议论为主，往往基于或针对前人的研究成果，提出新观点，观点十分鲜明。译者若非这一领域的专业人士，就需要在把握文章论点方面多下功夫，并且注意分析作者的论证方式。翻译时也需要在术语的对译方面下足功夫。日语中大量术语源自英语等语言，翻译时可以考虑在汉语译词后注明这些术语的源语。

（二）政论文体

政论文体也具有鲜明的论点，以论述为主，故与科技文体的行文风格类似，但多与政策和时事相关。政论文体逻辑性较强，但所表达的观点只能为部分人所接受，这一点与科技文体的观点被普遍接受有所不同。故政论文体的个人色彩比较浓厚，语言风格也因作者的不同而有所不同，以脍炙人口的风格为主。正因为有这些特点，政论文翻译时需要译者注意原作者的身份、立场，客观公正地对待原文，不可以译者的个人情感篡改原作者的观点。

（三）公文体

公文体是政府、商业机构等公共组织和团体为公共宣传所采取的文体，通常具有固定格式，常见的有政府公告、外交文书、商业广告、说明书等。随着各国间商贸往来日益频繁，各种说明书的翻译日益增多。这种公文体多以叙述和解释说明为主，因而要求语言简洁明快，层次分明，对于需说明的问题，多采取分条列举的方式，一目了然。

（四）文学文体

文学文体包括小说、诗歌、散文等形式。文学是每个民族语言、文化、社会现象的重要表现形式和抽象形式，是源于生活而高于生活的艺术创造，强调的是"美的感受"。因而，文学文体的翻译，在忠实原文的同时，必须在可读性方面下足功夫。如果说"翻译是再创造"，那么用其表达文学文体的翻译，再恰当不过了。

以上几类文体，只是相对性的划分，实际的翻译文本，往往出现两种以上文体交叉重叠的现象。以后现代史学举例，后现代史学的写作，读者往往难以区别是文学性的写作还是史学性的写作，有一些政论文也兼具文学色彩。这对翻译也提出了较高的要求，需要二者或多者兼顾。

第5课
标点符号

笔译与口译的一个重要区别是标点符号的使用。口译只需要翻译时适当停顿，而笔译则需要规范使用标点符号。

委托方付给译者稿酬时，多以每千字为单位计算。这里所说的"字"，不但包括汉字、数字、其他文字，也包含标点符号。换句话说，标点符号是文字的一部分，与其他字符一起形成完整的文本。所以，标点符号要像其他字符一样，受到重视。笔译作为一项文字处理工作，需要认真对待标点符号，明确认识标点符号使用的意义。乱点标点、误点标点所造成的误解甚至酿成大错者，比比皆是，不胜枚举。

甚至有人认为，标点符号有时比文字本身更重要。法国大文豪雨果与编辑部的一封往来书信常常被当做例证。雨果将《悲惨世界》的手稿交给出版商，迟迟不见编辑部回信，便发去一封信，只有"？——雨果"。编辑部的回信同样简短，"！——编辑部"。确实，这是标点符号妙用的经典。我们大可不必矫枉过正，但至少需要像重视汉字一样重视标点符号，它们不是可有可无的。这与口译通过时间上的停顿来断句相比，大为不同。

重视标点符号已经是老生常谈的问题，从小学开始写作文时起，语文老师一直会强调标点的使用。然而，在日汉翻译实践中，这个本可不必耗费太多笔墨的"小问题"却被放大了，主要是由于日语和汉语里的标点符号系统有不小的差异。

日语标点符号具有自身的特点和表现形式，翻译成汉语时，需要特殊注意，使其符合汉语标点符号的习惯，切忌出现日语标点"负迁移"的情况，尤其不可原封不动地将日文标点符号照抄到汉语中来。日语的标点符号跟汉语有不小的区别，比如日语中缺乏汉语中比较常用的分号、问号和感叹号等符号，甚至汉语中较为常用的冒号也较少使用。

日语标点符号与汉语标点符号一样，数量非常丰富，但在日文中的使用并非像中国一样有明确的规范。日语中最基本的标点符号只有逗号（","或"、"）和句号，首先要学习如何正确使用这两个基本标点符号。

一、逗号（","或"、"）的翻译

日文的排版常见横排和竖排两种形式，这与现代汉语以横排为主有所不同。因排版的形式不同，逗号的使用也有所区别。总体而言，横排使用"，"，或者使用"、"，但二

者在同一文本中一般不会出现混用的现象；竖排主要使用"、"。日文中的"、"，大致可以翻译为现代汉语中的逗号。

日语逗号的标点位置，有的可以与汉语的逗号标点位置对应，但也有一定的差别，不可照搬照抄原文中的逗号。比如日语"は"或者"も"等提示语的后面经常会出现"，"或"、"，汉译时，除了提示语核心词的限定语较多等情况，一般不必将其翻译出来。然而，缺乏经验的译者经常照抄原文的逗号，出现画蛇添足的断句，不符合汉语表达习惯，使译文缺乏流畅性。

日语逗号和汉语逗号的表达方式不同，日语中或者使用"，"或者使用"、"。翻译成汉语时，大部分译者会遵循汉语的标点习惯，不至于照搬照抄原文的"、"。但在某些场合，译者经常忽略这一点，直接使用了"、"。比如，日文中出现的表示顺序的词"まず""次に""最後に"之后，使用"、"跟后面的文字区别开来。翻译成汉语时，译者经常翻译为"首先""其次""最后"，同时也直接受到日文的影响，在它们后面使用了"、"。其实，汉语对这些顺序词后面使用的标点符号有较为严格的规定，一般要求使用"，"而不是"、"。同理，"第一""第二""第三"、"其一""其二""其三"之类的顺序词之后也一般使用"，"。

逗号译例

例1

【原文】

最後に大川大佐以下の同僚に別れを惜しみ、互いに健康を祈って、懐かしの南京駅に向かった。

【译文】

<u>最后</u>，我与大川大佐属下同事一一告别，互祝身体健康后，奔向了熟悉的南京车站。

【分析】

此处原文"最後に"后并未中顿，但在汉译过程中要注意句子行文明晰，因此应该加上"，"。

例2

【原文】

とすれば、歴史の「戦争」として、論じるのは、殷がほろび、周が興った、「牧野の戦い」がいまのところ第一号といえるのではあるまいか。

【译文】

<u>论起历史上的战争</u>，灭商兴周的牧野之战可以说是如今有史可稽的第一次战争。

【分析】

将修饰语分为"とすれば、歴史の「戦争」として、論じるのは、殷がほろび、周が興った",分别合并为"论起历史上的战争""灭商兴周",根据语义层次取消原文的顿号。

二、句号的翻译

与逗号一样,句号也是日语中最常用的标点符号,其形式多为空心圆点"。",偶尔也使用实心圆点"."。但在同一篇章中,二者一般不会出现混用现象。在日汉翻译过程中,很多人按照直译的方式,不假思索地将日文原文的句号翻译成汉语的句号,而这种做法有时不符合汉语的表达习惯。需要根据汉语的习惯,结合上下文,认真对待句号的翻译。

日文中的句号,汉译时多数情况下可以直接译为句号。但也有不少特殊情况,最常见的是将译文中的几个句子合并成汉语一个句子。原文使用句号之处,汉译时使用逗号或分号,还有翻译成问号和感叹号的情况。

例1

【原文】

あらためて、定次郎の経歴を振り返ることからはじめたい。彼は、大阪堺市で骨董商を営んでいたという安達信五郎の長男として生まれた。江戸も幕末、慶応二年七月のことである。明治六年に堺尋常高等小学校に入学。卒業後、十三歳で大阪市東区高麗橋の同業・山中吉兵衛(天山)方の丁稚見習いになっている。その後十八歳から十九歳まで大阪市立商業夜学校に通い、かたわら英語塾にも学んでいる。

【译文】

让我们再次回顾定次郎的个人经历。庆应二年(1866)7月,时值江户幕末,定次郎作为古董商安达信五郎的长子,出生于大阪堺市。明治六年(1873),他进入堺市普通高等小学学习;毕业后,13岁时到大阪市东区高丽桥的古董商山中吉兵卫(天山)家当学徒;18岁至19岁,一边在大阪市立商业夜校上学,一边在补习班学习英语。

【分析】

原文是对近代日本著名古董商山中定次郎早年经历的介绍,原文出现多处句号,从日语语法角度而言,没有任何问题。但如果将这些句号直接照搬成汉语的句号,则汉语显得很不连贯,而且会出现句子缺失主语的问题。因此,译者将多处句号调整为逗号或者分号,句子比较顺畅。

例2

【原文】

　　もし集中営に入れられたら民間人にも顔が知られている。とうていかくすことはできないだろう。さらばとて今さら国外に脱出するには余りにも警戒が厳重すぎる、<u>万事休するかに見えた。</u>

【译文】

　　一旦被抓进集中营，我这张脸就会被平民认出来，绝无瞒天过海的指望。事到如今，到处警备森严，想要逃到国外也是难上加难。<u>看来万事休矣！</u>

【分析】

　　日文中使用感叹号的句子不多见，多使用句号表达。汉译时，有些译者未加注意，照搬照抄了原文的句号。原文句末使用了"。"，但通过阅读上下文可知，此处作者内心焦急万分，"万事休するか"具有较强的情感色彩，使用感叹号更加贴切。

例3

【原文】

　　蒸し暑さと、列をなして襲い来る南京虫と、群をなす蚊軍に攻めたてられ朝までついに一睡もできなかった。せめて蚊だけでも防ごうと焦ったが、蚊帳は穴だらけだ。手を触れたら腐り切った果物の表皮のようにズルズル穴が広がってゆく。破れるという感じではなく融けるという感じである。「蚊帳」はまさに「蚊屋」になっている。<u>これでもなお使っているのは「まじない」のためであろうか。</u>

【译文】

　　在闷热以及成群结队的虱子、蚊子大军的侵扰下，我整整一夜未能入眠，焦躁地想至少能把蚊子防住也行。然而，蚊帐千疮百孔，用手一碰，蚊帐就像已经腐烂的水果表皮一般，漏洞越来越大，让人感觉不是蚊帐被撕破了，而是正在融化。所谓"蚊帐"，已经完全成了"蚊子的帐篷"。都成这样了，这蚊帐还在用，<u>是当成"符咒"来用的么？</u>

【分析】

　　日文中问号的标记可以使用"。"和"？"，而一般情况下，多使用"。"。该例子虽然用"。"结尾，但通读上下文可知最后一句话表达的是作者的困惑，是一种反讽性的设问，翻译时应使用"？"。

例4

【原文】

　　せっかく位牌をのせて孟津まで行ったのに、なぜか引き返した。<u>守りが予想以上に固かったのか、攻めるにはまだ力不足と悟ったからかもしれない。</u>あるいは寝返り工作

の準備がまだできていなかった事情があったとも考えられる。それとも周軍は、緒戦で破れた可能性もあるだろう。

【译文】

载着文王牌位好不容易抵达孟津，却不知为何又中途折返，或许是因为敌人的防守比预想的更加坚固，意识到尚不具备攻打敌人的实力，又或许考虑到策反倒戈工作尚不到位，亦或顾虑到首战有可能失败而中途退兵。

【分析】

以上几句分析了导致同一后果的不同的起因，意思上具有整体性，可以将其合并为汉语的一个句子。

三、引号和冒号的翻译

日语里的引号标记方式与汉语差异较大，主要使用"「」"和"『』"，前者对应汉语的双引号，后者对应汉语的单引号，而后者同时又作为书名号使用。

另外，日语中由于有表示引用的格助词"と"，因而很少使用冒号。翻译成汉语时，需要特别注意。有一些译者很随便地在引号前使用逗号，而忽略使用冒号。

引号冒号译例

例1

【原文】

小此木、智野、佐々木上人には、「この上私が皆様と行をともにしたら、さぞかしご迷惑をかけると思いますから死んだことにして一人旅に立ちます。明朝お目覚めになって初めて発見したようにタイ側に届けて下さい」と、初めて真意を打ち明けた。三人ともただ黙って泣いていた。

【译文】

我终于对小此木、智野、佐佐木上人说出了真实想法："若再与三位共处，想必会给你们带来许多麻烦，因此我选择装死，独自一人踏上旅途。请三位明早醒来后装作发现我已经自尽，并通知泰方。"听着我的话，三人只是默默抽泣。

【分析】

通读上下文可知，此处是作者与三位僧人面对面说话的情形，因此我们在翻译时应翻译出冒号，以显示出对话的感觉。若只是简单地在引号前使用逗号，则变成了陈述，与原文不符。

例2

【原文】

十一月十四日、林則徐は騎馬で参内した。彼の日記には、その日、彼は皇帝から、——你は乗馬に慣れず。椅子轎に坐す可し。という諭（皇帝のことば）を蒙って、謹んで叩頭して謝した、とある。

【译文】

11月14日，林则徐骑马进宫觐见道光皇帝。他在当天的日记中写道：

"蒙谕允：'你不惯乘马，可坐椅子轿。'谨叩头又谢。"

【分析】

破折号后引用的是林则徐日记中的内容，因而用双引号，而日记内容中林则徐又记述了皇帝说的话，应该使用单引号。

四、关于全角符号与半角符号的使用

现代化的翻译工作几乎都是在电脑上完成的，委托方也一般要求译者提供电子文档，以便于审校和排版，提高效率。在翻译文本的录入过程中，中文每个汉字占用两个标准字符位置，即中文排字的度量单位是"全角"。凡是具有中文输入法的电脑，输入汉字时一般处于"全角"状态。但是，与之不同的是，电脑中的标点符号有全角和半角之分。所谓半角即一个字符占用一个标准字符的位置，排字的度量单位，宽度等于同一磅数全角的一半。英文的标点符号是半角符号，而中文的标点符号是全角符号。在文本录入过程中，有的译者经常忽略标点符号的全角和半角之分，或者由于误操作，将全角状态转换成了半角状态。因此，需要译者录入文本时，时刻注意区分全角和半角的输入状态，若出现半角的标点符号，应及时更正过来。

五、关于汉语标点符号使用的最新规定

汉语的标点符号也在不断标准化、合理化，这一过程中会出现既有使用标准变动的情况，需要译者及时了解标点符号的最新使用标准。比如根据最新规定，书名号与书名号之间，不再使用顿号；两个引用内容较短的引号之间，也不再使用顿号等标点符号。本书介绍几种较常用的标点符号的现行使用规则。

（一）句号

1. 图片或表格的短语式说明文字，中间可用逗号，末尾不用句号。
2. 图片或表格的短语式说明文字，即使文字较长，前面已出现句号，末尾不宜加

句号。

（二）问号

1.选择问句的三种情况：

a.选项较短而在语气上没有停顿，只在句末用问号。

b.选项较多（如三项）或较长，或有意突出每个选项的独立性时，可以在每个选项后用问号。

c.选项为两项时，前一项通常用逗号，为了表示选项的独立性，也可都用问号。

2.问号可以叠用，但最多只能用三个。

3.问号有标号的作用，即用于句内，表示存疑或者不详。

（三）逗号

表示句内并列成分，如带有语气词，应由顿号改为逗号。

（四）顿号

1.相邻或相近两数字连用表示概数通常不用顿号。若相邻两数字连用为缩略形式，宜用顿号。

2.标有引号或书名号的并列成分之间，通常不用顿号。若有其他成分插入，宜用顿号。

（五）冒号

1.一个句子内部一般不应套用冒号。在列举式或条文式的表述中，如果不得不套用冒号时，宜另起段落来分清层次。

2.冒号不能用于非提示性话语。

3.冒号的提示范围应与提示性话语保持一致。

4.冒号不能用在无停顿处。

5.冒号不能和提示语并用。

（六）引号

独立成段的引文，如果不止一段，每段开头用前引号，只在最后一段的末尾加上后引号。

（七）括号

1. 括号有四种形式：圆括号"（）"、方括号"［］"、六角括号"〔〕"、方头括号"【】"。

2. 括号避免套用，必须套用时，采用不同形式的括号。

一般用"（）"。

国籍或朝代用"〔〕"或"［］"。

公文发文年份用"〔〕"。

电讯稿消息来源用"【】"。

词条用"［］"或"【】"。

（八）连接号

有一字线、短横线（半字线）、浪纹线三种，新规去掉了两字线，因其易与破折号混淆。三种连接号分工明确：

1. 短横线（半字线）用于连接。

2. 一字线表示起止，有的也用浪纹线，用汉字表示时，为避免与"一"字混淆，用浪纹线。

3. 浪纹线表示数值范围。

（九）书名号

1. 标示各种作品的名称或简称：纸质读物、声像制品、全中文或中文在名称中占主导地位的电脑软件等。

2. 标示栏目的名称。

（十）分隔号

1. 分行。

2. 分节。

3. 分隔供选择或可转换的两项，表示"或"。

4. 分隔层级或类别。

（十一）省略号

省略号的前后一般不再使用其他点号。以下例除外：

1. 省略号前的句子或省略号后的句子语气强烈，其前后可用叹号。

2. 省略号前后不加点号就无法表示停顿或表明句子结构时，其前后可保留点号。

3. 当表示特定格式的成分虚缺时，省略号后可以用点号。

第 6 课
译者注释

一、译者注释的功能与作用

添加译者注释对于读者准确、深入理解原文十分必要。首先，原文作者通常以自己所在的国家或文化圈的读者为写作对象，对于本国或本文化圈的常识性知识、事物或现象往往司空见惯，熟视无睹。而当这些内容翻译成汉语之后，由于离开了原文写作的时空环境，对于有些问题中国读者比较陌生，因此译者有必要适当补充原文有关背景知识。比如一部日文原作，其中出现神社的"鸟居"，日本人对其司空见惯，但对于中国读者而言，它是日本文化的特有之物，译者有时有必要添加注释，予以解释说明。又如原文中出现的日本历史上著名人物和重大事件，对于日本读者而言耳熟能详，而对中国读者或许就比较陌生，有时也有必要添加注释。

其次，原文或许会出现一些错误、缺省、遗漏甚至观点不正确之处，此时作为译者，也有必要以注释形式予以补充、更正或批判，以免误导读者。

最后，如果是学术性著作，译者往往也是本领域的专家，可以以注释或按语的形式对原文的观点和内容适当进行分析、评论，不但可以给读者更多的参考信息，还可以表达译者的见解。

总之，译者添加注释，需要译者作为一个沟通原作者和汉语读者的中介或桥梁，既要站在读者的角度，以读者的立场理解，了解读者的需求；也要充分发挥译者的沟通能力，为读者提供更多的原文信息，减少读者对原文的误解。

二、译者注释的形式

译者注主要有两种形式，一是文中注，二是页下注或尾注。顾名思义，文中注即将译者的注释添加到译文文本之中，主要用于订正错误、简单解释、补充。例如遇到有日本纪年的文本，为了便于读者理解，译者一般会在日本纪年后面用括号添加公历纪年。文中注不宜过长，也不宜过多，否则会影响阅读的流畅度，有打断阅读者思路的弊端。页下注或尾注，即放在文档页面下或文档末尾的注释，主要用于解释、说明、补充等。一般而言，

页下注或尾注也以简洁明快为主，避免长篇大论。页下注或尾注也不宜过多。

但是，无论文中注还是页下注、尾注，均需要注意不要与原文中的注释混淆在一起。如果原文中没有任何注释，译者可以在译著前言和后记中标明"所有注释均为译者注"，或者在第一个注释中以"所有注释均为译者注"来作出说明。如果原文中有注释，为了与其区别，需在注释之后以"——译者注"形式明确作出标记。

除了注释之外，译者还可以以"按语"的形式对原文或译文进行评论、说明或解释，也可写作"译者按"或简称为"按"。它大致与译者注释具有类似的功能，可置于某篇译文之首，也可以置于译文之中。置于篇首者可以向读者交代某些必要情况，如作者的情况，编译经纬等。置于文中者可以就文中内容进行简要的讨论或发挥。近代启蒙思想家严复翻译时经常添加按语，成为其译著的一大特色。如今，非学术性著作一般不再添加按语。

译者注释举例

例1

【原文】

日本にも歌枕というものがあり、古来多く歌によまれた名所で、たとえば須磨、明石がそれにあたる。歌人はじっさいにそこ行かなくても、明石の海の歌を作ったりする。

【译文】

日本有"歌枕"一词，是指自古以来诗歌里传唱的名胜，比如须磨和明石。即便诗人没有去过当地，也会创作关于明石海的和歌。

【译者注释1】

须磨，神户市西部的地名，濒临大阪湾的白沙青松海岸，自古以来的风景胜地。

【译者注释2】

明石，兵库县南部临明石海峡的城市，海滨与须磨齐名，以风光明媚而闻名。

【分析】

这是解释性注释，包括汉语读者不熟悉的人物、地点、重大事件等。对于日本读者而言，须磨和明石的所在地应该比较熟悉，但对于中国读者而言，二者位于何处，阅读时有可能产生疑问，译者有必要适当注释，加以说明。

例2

【原文】

羌はときには姜ともかかれ、同一视されることもあった。殷周戦の軍師であった、

通称太公望の呂尚が、姜姓の始祖ともいわれている。その発音は「強」とおなじで、しばしば強いという意味に用いられた。

【译文】

有时，也有人认为"羌"写作"姜"，羌人即姜姓氏族。殷周之战的军师姜太公吕尚被视作姜姓始祖。"姜"发音与"强"相同，常用来表示"强"的意思。

【译者注释】

日语中"姜"和"强"的发音均为きょう（kyou）。

【分析】

陈舜臣的写作对象是日本读者，日语中"姜"和"强"的发音相同，但对于中国读者来说，汉语"姜"和"强"的发音不同，中国读者难免产生疑惑，故有必要添加注释，进行必要的说明。

例3

【原文】

その二階には岡村大将が肺病を治療している。松井中将も邦人宅に居候し、度々大将を訪ねていた。

【译文】

冈村大将在二楼接受肺炎治疗，松井中将也住在日本人的住宅里，频频过来探访大将。

【译者注释1】

即冈村宁次（1884—1966），侵华日军战犯，侵华末期任日本中国派遣军总司令官，日本投降后率日军向民国政府投降。1948年3月底被解往上海候审，8月中旬被正式送进上海战犯监狱，但不久以"保外就医"名义被监视居住于上海黄渡路秘密住所，1949年1月回国。

【译者注释2】

即松井太久郎（1887—1969），日本陆军士官学校毕业，1939年任伪满洲国军事最高顾问，1942年任日本中国派遣军总司令兼汪伪政权军事顾问，1943年任中国派遣军总参谋长，1945年任驻上海第13军司令官，1947年被国民政府列为重要战犯。

【分析】

原文作者仅提到冈村大将和松井中将，并未提及其名，而且在原文其他地方也没有提及二人的名字，显然中国读者只能进行猜测，冈村有可能是冈村宁次，松井有可能是松井石根或松井太久郎。为了便于读者理解原文，解除疑惑，需要译者补全冈村和松井的名字。经过查阅历史文献，基本可以确定冈村大将即冈村宁次。至于松井，不应该是松井石

根，因为松井石根在1945年之前已经是大将，而且作为甲级战犯，1945年便被盟军逮捕，一直关押在东京巢鸭监狱，后被远东国际军事法庭作为甲级战犯判处绞刑。最终，根据史料，判定此处的松井应该是松井太久郎。

需要注意的是，对原文缺省部分作注，需要译者对原文所涉及的知识有充分的了解，以免出现错误，误导读者。

例4

【原文】

八路軍（中国共産党）駐新疆弁事処は、初代の主任が陳雲であり、このときは三代目主任の陳潭秋で、その下に毛沢東の実弟の毛沢民、林其珞がいた。この三人が逮捕処刑されたのである。

【译文】

八路军（中国共产党）驻新疆办事处第一任主任是陈云，此时是第三任主任陈潭秋，他的手下有毛泽东的弟弟毛泽民和林基路。这三个人都遭到逮捕被处死。

【译者注释】

日语原文写作"林其珞"。

【分析】

从上下文来看，原文中所书"林其珞"显然是革命烈士林基路。或许是作者陈舜臣的笔误，或许是排版时出错，译者需要用注释加以说明。

例5

【原文】

紂の師（軍団）衆しと雖も、皆、戦う心無く、心に武王の亟かに入らんことを欲す。紂の師、皆、兵（武器）を倒まにして以て戦い、以て武王を開く。武王、之に馳す。紂の兵、皆、崩れて紂に畔く。紂、走りて返り入り、鹿台の上に登り、其の珠玉を蒙り衣て、自ら火に燔けて死す。

【译文】

纣王的联军人数虽多，却都无心战斗，一心想迅速归入武王麾下。纣王的军队在与武王军队开战时全部调转矛头。武王赶到牧野。纣王的军队全部溃散，投敌背叛。纣王逃到鹿台，将宝玉都盖在身上，投火自焚而死。

【译者注释】

原文为"纣师虽众，皆无战之心，心欲武王亟入。纣师皆倒兵以战，以开武王。武王驰之，纣兵皆崩畔纣。纣走，反入登于鹿台之上，蒙衣其殊玉，自燔于火而死"。

【分析】

日文中经常出现对中国古典文献的引用，如果不是引用原文，而是日语译文，译者将其翻译成汉语时属于回译。此时，译者最好核对中国古典文献，并以注释的形式将原文引用相对应的中国古典文献内容列出。另外，还有原文作者使用自己的语言表述中国古代典籍的情况，也可以对其注释。

例6

【原文】

この墓に副葬された品物のリストは、竹簡に記され、それは「非衣一　長丈二尺」とあるのに相当するようだ。

【译文】

马王堆汉墓陪葬品清单记录在竹简上，关于这幅帛画的记录是"非衣一，长丈二尺"。

【译者注释】

指丧葬出殡时领举的一种旌幡，画面主题内容是"引魂升天"或是"招魂安息"，入葬后作为随葬品盖在棺上。

【分析】

关于马王堆帛画中的"非衣"，一般读者往往不具备相关知识，如果原文未对"非衣"进行解释，则需要译者予以解释。有时，委托翻译机构在编辑文稿时，会建议译者对其进行注释。

第7课
译著出版

很多笔译成果往往以公开出版的形式呈现出来，因此译者经常与出版社打交道，就著作权问题、译者序言、后记等问题与出版社沟通。一部优秀的译作除了译者的辛勤翻译，也与出版机构的编辑密不可分。

一、著作权问题

近年来，中国不断加大著作权的保护，对于违反著作权的纠察和惩罚的力度越来越大。译者和出版社需要注意不要引起著作权的纠纷。

首先，关于原作的著作权问题。如果是受托翻译著作，一般委托方与原作者进行版权交涉。如果是译者自行翻译某作品，一般需要译者本人或委托其他机构和个人交涉原作的著作权。大量学术著作往往译者与原作者有一定关系，译者往往作为中介，负责沟通译著出版机构与原作者之间的著作权交涉问题。

按照国际出版规则，原作作者去世50年之后，其作品的著作权将允许自由使用，即所谓的"公版"，翻译公版自然不会涉及著作权问题。自2019年开始，日本根据人口寿命等因素，对著作权的年限进行了修改，规定作者拥有著作权的期限是其去世70年。

其次，关于译者著作权的问题，出版社通常与译者签订译著著作权合同，合同中规定著作权形式、交稿期限、稿酬（通常以每千字为单位计算）额度与支付方式、翻译要求等内容。也有出版机构仅与作者签订委托翻译合同。委托翻译合同，顾名思义，译者只是受托翻译，译者未必具有著作权和署名权；而著作权合同一般承认译者既有译文的著作权，又有译文的署名权。

再次，译者在翻译过程中，也需要留意著作权问题。如果所翻译的著作有其他汉译本，要注意避免抄袭问题。在添加译者注释，撰写译者序言和后记时，如果有对他人观点的引用，也要明确标记出来，不可将其据为己有。

最后，如果译者或者出版机构有意添加照片、插图或者表格时，务必征得著作权人的同意，并且注明出处。尤其是在肖像的使用方面，容易引起纠纷。

二、译者序言和后记

一部付出心血的译著经过几次校译交给出版社即将付梓之际，译者往往会添加译者序言和后记，有时出版机构也会要求译者撰写译者序言和后记。当然，出版社或者译者也经常以代译序的形式添加序言。可见译者序言和后记已经成为一部优秀译著必要的组成部分了。

（一）译者序言的撰写

撰写译者序言，一方面是为了更加便于读者理解，另一方面是译者借机阐发自己对译著内容的理解，具有学术研究的性质。通过译者序言，也可以彰显译著的翻译水平。一般而言，译者序言包括原作者介绍、原作品介绍、译者的分析、评论等内容。

一部译著如果只有一个原作者，译者序言有必要先对原作者进行比较详细的介绍。如果有两个以上原作者，除了上述介绍外，还有必要对他们之间的关系加以说明。首先，有必要先介绍原作者的基本信息，包括性别、国籍、生活的地区、生活的时代、从事的主要职业、宗教信仰、思想倾向、主要业绩等。目前，由于互联网的发达，读者往往很容易获得知名原作者的基本信息，因此本部分撰写不必占用过大篇幅，可以一笔带过甚至省略不写。

其次，需要对原作品的写作背景、创作过程、风格、社会影响等内容加以介绍。任何一部作品都是独特的存在，当其被人选择翻译为其他语言本身，便已反映出其价值所在。译者有必要向读者交代原作品产生的社会、历史背景，令读者了解这部作品产生的来龙去脉，包括原作品诞生的时代及其后所具有的价值和社会影响力。

再次，译者有必要交代原作品的版本信息、主题，乃至对各部分内容进行概括性介绍。一部优秀的作品会经得起时间的检验，往往有多种版本。译者要交代清楚各个版本的出版时间和主要区别，要明确告知读者本书是根据哪个版本翻译过来的，根据某一版本翻译时是否参考了其他版本。而且，一部优秀的原作当其被翻译成汉语之前，往往已有其他语言的译本，译者是否参考了这些译本，也需要交代清楚。比如，编者翻译原文为英文的《佩里提督日本远征记》时，仅日译本就参考了三四部之多，有必要在译者序言中一一交代清楚。

译者序言中，经常会见到译者对全文主要内容的概括，在读者阅读正文之前，让读者对全文有一个基本印象，但所概括的内容务必提纲挈领，避免以偏概全和过于冗长。需要注意的是，如果原文序言等处有对全文内容的概括，译者就没有必要再次重复了。

最后，译者可以在序言中对原作进行解读、评论和研究，提出自己的学术观点。可以说，这一部分是译者前言的精华部分，体现出了译者的学术研究的功底，为读者提供了探

讨原文内容的话题和空间，有助于读者深入了解原文的内容。

（二）译者后记的撰写

与译者序言具有相对固定的内容相比，译者后记的写作可以比较自由，因为后记一般是关涉译者个人的"私事"，但通常也会包括如下内容：对承接翻译任务原委加以说明，对翻译技巧、译词、格式处理等问题的说明，对译文提供帮助的个人、团体和机构表示感谢，其他有必要说明之处等。

首先，对承接翻译任务原委加以说明。在市场经济高度发达的今天，是否有慧眼选择一部优良的作品加以翻译，是对出版机构能力的考验。而出版机构是否能够寻找适当的人员，翻译出精良的文本，也直接关涉作品的声誉和出版社的经济效益等因素。因此，译者承接一份翻译任务，是因缘际会的结果。为了满足读者的好奇心，也为了显示翻译恰得其人，译者往往会在后记中对所承接的翻译任务做必要的交代，可以结合以往的翻译经历，尤其是与本书翻译内容相关的经验进行说明。对于读者而言，译者是否具有长期翻译经验，是其评判译作质量的一个依据。

其次，对翻译技巧、译词、格式处理等问题加以说明。整个翻译过程，译者会遇到各种需要处理的问题。首当其冲的便是翻译技巧和文体的问题。是以直译为主，还是以意译为主？是全文翻译还是节译、编译？如果原文是近代日语，是翻译成半文半白的汉语，还是完全翻译为现代汉语？这些问题要向读者交代清楚。有一些需要特殊处理的译词，也要做必要的说明。比如近现代的日文原著中经常会出现"支那""满洲国"之类的蔑视性或不为中国所认可的表述，为了符合中国出版要求，需要酌情对其进行处理，将其更改为"中国""伪满洲国"之类的称呼。又如译者觉得需要对原文的段落进行拆分或合并，也有必要加以说明。当然，如果是大部头的翻译，这些翻译技巧等问题的说明可以放在正文之前，以"译者凡例"的形式单独加以说明。

最后，对译文提供帮助的个人和团体表示感谢。一部优良的译著，不仅仅是译者个人或翻译团队辛勤付出的结晶，同时也离不开相关人员和机构的帮助和支持。在译者后记中，从尊重提供帮助人员劳动成果的角度，需要指名加以感谢。比如，原文中如果出现译者未掌握的其他语言，便需要向相关专家请教，后记之中最好指名感谢。对提供帮助者的感谢，要尽力全面，切忌遗漏；提供了什么样的帮助，也最好写明。

总之，译者序言和译者后记可以视为译著的必要组成部分，从有助于读者理解的角度，并非可有可无。译者序言和译者后记的具体内容，是放在序言里还是放在后记里，没有固定的标准，译者可以根据自己的喜好自行安排，但无论如何，需要避免重复表述。而且，从篇幅上而言，译者后记避免篇幅过长，往往以两至三页的分量为宜，但译者序言的字数不必受此限制。

（三）翻译凡例的撰写

译稿完成后，需要对翻译过程中出现的通用性问题加以说明。这种说明可以在译后记中提及，也可以以"翻译凡例"或"翻译则例"的形式，放在整篇文稿的前面，单独加以说明。历史、地理著作的翻译，经常会存在大量通用性问题，主要有如下几个方面：

第一，日本对华称呼。不同时代，日本对华称呼不尽相同。仅就近代来说，就出现了"清国""清廷""支那""民国"等称呼，其中不乏带有侮辱性质的称呼。在翻译过程中，需要对这些称呼的翻译加以说明。如何翻译，需要根据原文的性质和委托方的要求，不可一刀切。一般而言，如果是历史文献资料，为了尊重历史原貌，最好保留原文的表述。如果是文学作品或学术作品，可以适当进行统一处理，如将"支那"统一翻译为"中国"。

第二，关于中日地名不同的表述问题。近代以来，日本对中国的地名的表述，与中国本身的表述会出现不一致的情况，如"间岛""满洲"等，这些地名往往是与日本对中国的侵略相关，不被中国人所认可，所以在翻译时，除了历史文献需要保留原貌外，一般需要改为中国通用的地名。但需要注意的是，改为中国通用地名时，中日地名所辖范围未必一致，需要特殊加以说明。比如，如果将"满洲"一词译为"东北"，显然缩小了"满洲"所辖的范围。

第三，关于人名的称呼。一个非常有意思的现象是，作为一个人重要标记的姓名，中日之间也有不同的称呼，主要表现对姓名、字号和化名的称呼上。最为典型的对中日两国对"孙中山"的称呼。"孙中山"是中国人的惯用称呼，而日本却习惯称为"孙文"。再如对三国历史人物的称呼，中国人熟知的诸葛亮和司马懿，日本人经常不使用其"名"，而多称呼其"字"或"号"，如"诸葛孔明""司马仲达"。

中日人名称呼不同还表现在日语中经常使用省略"名"，而只使用"姓"，如对伊藤博文、大隈重信的称呼，除了首次使用姓名称呼之外，后文经常只称呼"伊藤""大隈"；日本人称呼中国人名时，往往也受到这种书写习惯的影响，省略中国人的名字，只称其姓。此时，翻译为汉语时，可以适当补充其名。

第四，关于历史事件的表述。对于一些重大历史事件，因立场等不同，中日两国的表述有所区别。比如1894—1895年爆发的中日甲午战争，日本则称为"日清戦争"。1900年发生的八国联军侵华事件，日本则称为"北清事変"。1931年日本发动的侵华"九一八事变"，日本则称为"满洲事变"。这些历史名词的翻译，有必要在翻译凡例中略做说明。

第五，关于历史纪年的表述。时至今日，日本仍然沿用历史纪年，如今已经进入令和时代。日文中经常会出现历史纪年和公历纪年混用的情况。日本历史纪年汉译时，为了便于中国读者理解，译者可以在日本纪年的后年添加公历纪年。比如翻译"昭和四十九年"时，译者可以处理为"昭和四十九年（1974）"；翻译"明治三十年代"时，译者可以处

理为"明治三十年代（1887—1896）"。当然，有一些译者直接将日本的历史纪年改为公历纪年。无论如何，都需要译者在凡例中加以说明。

需要注意的是，1868年明治维新之后，日本于1873年废除了以往使用的天保历，改为使用公历。此后日本纪年和公历纪年的日期统一起来，而之前的天保历的日期与公历日期并不对应。这与中国农历纪年跟公历纪年的日期不同是一样的，需要译者加以注意。

第8课
翻译与学术研究

一、翻译与学术研究的关系

从事笔译工作的人员中,有很多高等院校的教师和学生,他们多有学术研究的任务。那么,能否将翻译与学术研究结合起来,在完成翻译工作的同时,就所翻译内容进行学术研究,一举两得呢?显然,回答是可能的。翻译的过程与学术研究的过程有不少交叉之处,翻译可以作为学术研究的准备过程,而且带有学术研究型的翻译多会提升翻译的质量,二者往往互相促进,相得益彰。

优秀的翻译作品也需要译者具有较强的研究能力。从表面上看,笔译仅是将一种文字转换成另一种文字,是以不同的语言文字传播知识的过程。然而,在笔译实践过程中,译者每每绞尽脑汁,冥思苦想。这不但说明翻译是一件苦差事,而且还表明笔译本身是一个再创作的过程。常年从事笔译实践之人,多赞同笔译是再创作的观点。

优秀的译者和普通译者的区别,不但表现在文本翻译的精准、优美程度上,还表现在对原作者和原文的理解广度和深度上。而对原文和原作者的深入了解,便会超越单纯的翻译,成为一种学术研究了。总之,一部优秀的译作,需要译者具备较强的研究能力。

笔译作为一个再创作过程,实则与学术研究的过程不无类似之处。首先,翻译的准备过程与学术研究的准备过程类似,在资料收集方面表现得尤为明显。译者着手逐字逐句翻译之前,需要做认真的准备,包括全面掌握原作写作动机、意图,充分了解写作风格、历史特色等内容。这就需要译者围绕原作者和原文查阅大量资料,并认真阅读、分析。这一点与学术研究围绕某一主题收集、整理资料几乎没有太大差别。

其次,译者会在翻译过程中遇到超出自己知识视野或者难以理解的问题,这需要译者就这样的问题进行研究,不应该依葫芦画瓢,不求甚解或对原文一知半解。

最后,一部优秀的译作往往由译者添加译者序言,序言之中,往往包括译者对原作的解读和译者对原作的翻译心得或阐释。这些部分已经超越对原作的纯粹介绍,上升到了学术研究的层面。

当然,翻译和学术研究的目的不尽相同,翻译的目的是提供翻译文本,是将既有语言的知识转换一门语言,严格来讲不是知识生产的过程。相反,学术研究则是生产新知识的

过程。而且，翻译和学术研究，对作者的知识结构的要求也不同，翻译所需要的知识越广博越好，而学术研究除了广博之外，更需要对某一领域知识系统深入的了解。就此而言，翻译和学术研究也不可混为一谈。

不过，不管翻译和学术研究有多大的区别，从翻译到学术研究，距离并不远，甚至只有一步之遥。在承接一部作品的翻译时，译者可以有意识地为学术研究做积累，或者同时就翻译内容进行研究。尤其是所承接的翻译内容与译者的学术研究领域相同或相近时，翻译和研究可以互相促进，既可以完成一部高质量的译作，又可以形成学术研究成果。

二、翻译与学术研究结合的实例——副岛次郎《横跨亚洲》的翻译与研究

近年来，丝绸之路成为研究的热点。编者受托翻译近现代日本人关于丝绸之路探险、考察的记录，其中有一部日本浪人副岛次郎撰写的《横跨亚洲》。编者接受翻译任务时，阅读完全文后便决定就翻译内容加以研究。

（一）资料收集一举两得

第一，收集该作品的不同版本。

为翻译这部著作所进行的资料收集和为学术研究所做的资料准备多有重叠。第一，收集该书的所有版本或译本，比较其异同。副岛次郎于1924年1月从北京出发，最终于1925年9月抵达土耳其的伊斯坦布尔，历时21个月，只身完成了6000多公里的旅程。旅行途中，副岛陆续将考察内容和见闻在大阪《每日新闻》上发表。1926年6月，副岛在大连因心脏病去世，次年他的考察记以《横跨亚洲》之名，作为单行本发行，一度成为畅销书。编者首先收集到了该书的初版，版权页上写着"昭和二年（1927）一月二十日发行"，发行者为大阪每日新闻社；1931年6月该书由大道再版发行。1940年11月，该书作为"大陆开拓精神丛书第6辑"（共10辑），以《副岛次郎的中央亚细亚横断》为题，由"日日新闻社"发行了节略本；1942年5月该书以《亚细亚横断记》为题，由"日日新闻社"东京分社出版部再版发行；1987年2月该书作为陈舜臣主编的"中国边境历史之旅"系列丛书的第7册，以《横跨亚洲》为题，由白水社再版发行。可见，该书至少有5个版本。各版本有不小的区别，此处不再赘述。另外，编者还通过亚洲历史资料中心的网站收集到了在大阪《每日新闻》上发表的考察记的部分内容。

如此多的版本，收集起来耗时耗力，但如果从翻译的完整性和准确性的角度而言，是必不可少的作业。通过将各种版本进行核对，可以为译者提供更多有用的参考信息，也为学术研究积累了丰富的一手资料，尤其是每个版本中的编者序言、后记或附录等内容，不可多得。

第二，收集关于作者副岛次郎的资料。

为了更好地了解一部著作，需要对其作者的生平、经历、主要业绩，甚至脾气秉性有所把握。由于副岛次郎刚过而立之年便去世，关于其生平的资料并不多。1987年再版的《横跨亚洲》中附有副岛次郎年谱，是了解其生平的重要信息。1926年初版中的几篇序言记录了序言作者与副岛次郎的交友情况，这些不无悼念、追忆性质的序言记录了副岛的文笔能力和豪爽无畏的性格等方面的内容。日本亚洲历史资料中心的几份关于副岛去世后为其嘉奖受勋的资料透露出其生前与军队的特殊关系。由此，我们可知副岛作为一个日本浪人，既有报刊记者的公开身份，可能也有尚不为人知的特殊身份。当然，为了探讨副岛次郎在日本浪人之中的定位，需要收集关于浪人这一群体的相关资料。

第三，收集关于副岛次郎及其作品的研究资料。

副岛次郎作为第一个独行完成欧亚之旅的日本浪人，学界对其有所关注和研究。副岛作为日本人，无疑日本学者关于副岛的研究成果最多，藏原伸二郎对副岛次郎的诗歌作品进行了解读；日本作家、学者陈舜臣为再版的《横跨亚洲》的写作背景等问题做了解说。中国学者关于副岛的研究不多，专文论述只有寇雅儒的《副岛次郎〈横跨亚洲〉中的西域探险》，介绍了副岛的生平之后，对副岛的西域探险情况做了一定的研究。该文对陈舜臣的解说词多有借鉴。另外，张明杰和孙江等人对副岛次郎与丝绸之路的关系稍有涉及。

收集上述资料并认真解读，对于翻译副岛次郎的这部著作而言，应该是绰绰有余了。然而，要想从学术研究的角度深入一步，还需要在此基础上做更加全面的准备。

首先，收集日本浪人的相关材料，用于副岛次郎与其他浪人的比较，探讨副岛的性格、行为与其他浪人的异同点。

其次，从比较研究的角度，需要收集其他日本人和其他国家对丝绸之路探险、考察的资料，比如外交官西德二郎、军人福岛安正和日野强的考察活动，大谷光瑞探险队对丝绸之路的三次探险活动，瑞典探险家斯文·赫定对西域一带的考察和俄国普尔热瓦尔斯基等俄国人在中亚、西域一带的考察活动。这样便可以将副岛次郎的考察活动置于日本乃至世界考察活动之中加以研究。

最后，需要收集副岛次郎活跃年代的历史背景，比如在其出发两年前，土耳其成立共和国；中国国民党和共产党开始合作；在考察过程中，孙中山去世。关于日本对中亚各国以及丝绸之路一带的方针和政策，也需要纳入考察范围。

（二）翻译过程中对研究问题的挖掘

在翻译过程中，就原文的内容，我们可能不断产生疑问。从为学术研究做准备的角度，需要对这些疑问之处认真记录，做好研究笔记，并围绕这些疑问，查找其他资料。限于篇幅此处仅以副岛次郎欧亚之旅的目的和经费问题进行探讨。

副岛次郎在"我的旅行目的"中说此次欧亚之旅的目的是"为了获取尚未开发的欧亚直通线路的信息,以丰富自己的知识"。不过,在陈舜臣先生看来,"那只是借口,其实他是想实现自己的梦想。为此便需要数量可观的路费。如果打着调查研究的名义,或许就会有人出钱。满铁为他的这次旅行补助了1000元,但其原委不甚明了"。

我们从中可知,获取旅途信息、实现自己的梦想是副岛本次旅行的目的,旅费是由"满铁"提供的,似乎对其旅行的目的不必有任何怀疑。既然"满铁"为其提供了经费,副岛就应该负有为"满铁"收集信息的义务。那么,副岛为"满铁"提供了什么样的信息呢?"满铁"作为对华经济侵略的机构,如果副岛单纯地从经济角度为"满铁"调查信息,我们也就不必怀疑其旅行目的了。确实,在《横跨亚洲》中,关于丝绸之路各地物价的记录不在少数,这完全符合为"满铁"收集信息的目的;关于丝绸之路风土人情的记载,也可以从便于商业交流的角度来理解。

但是,从编者目前所掌握的资料中,我们发现副岛的欧亚之旅还可能有一个不可告人的目的,即为本国提供军事情报。副岛在其记录中对此只字未提,但在1926年初版的《横跨亚洲》的一篇序言中提到某人给阪西中将和松井少将发去的介绍副岛的书信,内容如下:"佐贺县人副岛次郎君,有志于新疆及亚细亚土耳其之研究,由我驻屯军及满铁之援助,先于去年大正十三年正月自北京出发,于新疆约逗留半年后,越过边境……"此处提到对副岛欧亚之旅的资助对象多出了"我驻屯军",显然指的是日本关东军或其他侵华日本军队。由此不难猜测,副岛或许肩负着为"驻屯军"提供军事情报的义务。

在日本亚洲历史资料中心的一份地图,证实了编者的猜测。这份资料是大正十三年(1924)4月22日中国驻屯军司令部发给陆军省的一份文件,内容是一张黄河沿岸目测图,供陆军省参考。地图手绘,题名为"由包头到宁夏黄河沿岸目测图",题名之下用括号注明"据副岛次郎大正十三年二月中旅行报告"。显然,驻屯军认为这份目测图具有军事价值,才向陆军省汇报的。由此,我们或许可以坐实副岛此次旅行一个不便明说的目的,即获取军事情报。其实,日本军事机构所获取的情报,很多是由像副岛次郎这样的人"兼职"完成的。副岛次郎不为人知的一面,由此被揭示出来。

以上仅仅举例说明从翻译到研究的过程。身为译者,是较早、较为全面理解原著的人,这种资料占有的优势完全可以让译者捷足先登,产出原创性强的研究成果,甚至引领某一领域的学术研究。

中　译例分析篇

第 9 课
日文负迁移

任何语言的翻译，往往都会受到原文用词、语法、句式等表达方式的影响，出现负迁移现象，使得译文受到原文较多的影响，而有失译文的表达习惯或流畅性，甚至出现误译。日语与汉语同属汉字文化圈，中日两国在汉字、词语以及惯用表达上有一定相似之处，但二者语义未必完全相同，有差别者不在少数；同时，日语与汉语不属于同一语系，在语序上有较大不同，日语大致属于主宾谓结构，而汉语大致为主谓宾结构，汉译时容易受到日文语序的影响。而且，日语属于黏着语，汉语属于独立语，汉译时也很容易出现日语助词、形式名词等负迁移现象。本课以同形近形汉字词翻译、语序、字词冗余和被动句表达等为例，分析日汉翻译时的负迁移现象。

一、同形近形汉字词照搬

日语中有两千多个日常使用的"当用汉字"，汉译者容易照搬日语汉字词进行翻译，致使译文表达偏离原文语义。从翻译实践来看，词义差别较大的同形近形词，汉译时误译的几率不是很大。误译主要出现在词义既有联系又有区别的词语上。

例1
【原文】
五年前はバスで行ったが、車の窓を密閉しても、二時間あまりたってむこうに着くと、からだじゅうが砂でザラザラしたかんじだった。だから、それだけの覚悟をして行ったのだけれども、こんどは砂埃に悩まされることはほとんどなかった。

【原译文】
五年前是乘坐公交车去的，全程大约花费两个多小时，车窗紧闭，感觉全身还是蒙上了一层沙子。而即使抱有这样的觉悟，这一次却几乎没有沙尘的烦恼。

【修改译文】
……而即使有这样的思想准备，这一次却几乎没有沙尘的烦恼。

【分析】
如果不考虑简体繁体的区别，日语的"觉悟"与汉语"觉悟"同形。汉语"觉悟"

语义为醒悟明白，指从迷惑到明白、从模糊到认清的新状态，也指对道理的认识进入到一种清醒的或有知觉的新状态。而日语"覚悟"是指对不利的事"有思想准备"，或者"豁上""下定决心"。二者均关涉意识、思想层面，语义有一定联系，但其差异也比较明显，翻译时可以译为"有思想准备""意识到""决心（做某事）"。显然这里的"觉悟"应该翻译成"思想准备"。

例2
【原文】
目的をもった人たちが、それを達成しようとして、敵と戦い、味方と結び、さまざまな秘術を尽くす。
【原译文】
三国之人为达目的竭尽所能，驰骋杀敌，联盟各方，穷尽各类秘术。
【修改译文】
这些有志之士为实现自己的抱负，驰骋杀敌，联盟各方，用尽计谋。
【分析】
汉语"秘术"语义与"法术""巫术"接近，颇有玄幻、诡异之感。日文"秘術"为"秘诀"之意，侧重于"计谋""谋略"，所以，这里不能照搬日语汉字词直接用"秘术"来翻译。这种语义相近却不完全相同的误译出现的频率较高。

例3
【原文】
ていねいにつくっいるが、決して萎縮していない。
【原译文】
（瓷体）制作精细，并非萎缩至此。
【修改译文】
（瓷体）如此精工细作，技艺绝对没有衰落。
【分析】
虽然也有"经济萎缩"这样的表达，但汉语"萎缩"主要是"体积缩小"之义，在这里的日语"萎縮"主要是技术"衰败"的意思，因此照搬汉字词"萎缩"来翻译，语义表达不准确。

例4
【原文】
道教の立場から儒教を論破しようとする。

【原译文】

从道教的立场来论破儒教。

【修改译文】

要从道教的立场来驳倒儒教。

【分析】

此处原译文照搬汉字词"论破",现代汉语中没有这样的表述,应该使用与其语义相对应的汉语词"驳倒"或"驳斥"来翻译。

二、"的"字冗余与误译

日文中体言之间往往多用"の"来连接,但是汉语中有时可以不必使用"的"来连接。如果受日文影响,翻译时将"の"均用"的"翻译出来,汉语表达就显得啰嗦,有时也会违反汉语语法规范,造成错误表达,因为汉语在表示事物的相对关系和同位关系等情况下不使用"的",例如"一部分会员""朋友小张"。此处另举出汉语误译为"的"的例句。

例1

【原文】

契丹の侵入のときはおおぜいの人が連行された。

【原译文】

契丹入侵时掳掠了大量的人口。

【修改译文】

契丹入侵时掳掠了大量人口。

【分析】

按照节约原则,这里"的"可以删去,不影响语义,显得更为简洁。

例2

【原文】

いま西安市の人民大廈の一室で、この原稿を書いている。

【原译文】

现在我正在西安市的人民大厦中的一间屋子内写下这篇文章。

【修改译文】

现在我正在西安市人民大厦中的一间屋子内写下这篇文章。

【分析】

此处第一个"的"字可以省掉，尤其是考虑到马上又出现另一个"的"字，为避免累赘，原则上应该省略第一个"的"字。

例3

【原文】

莆田という土地は、林則徐という人物を考えるうえで、かなり重要な手がかりになるのではあるまいか。

【原译文】

研究林则徐这样的人物，莆田的土地，难道不是很重要的线索？

【修改译文】

研究林则徐这个人物，莆田这块土地的确是非常重要的线索。

【分析】

原译文没有准确把握日文原文的语义，致使表达不清楚。其中"という"不能翻译成"的"了事，因为其语义为"叫……的……"，直译就是"叫莆田的土地"，变成汉语的地道表达就是"莆田这块土地"。

三、"こと"和"ほど"的误译

日语中的"こと"和"ほど"译成汉语时，有时不需要翻译，有时要根据语境选择适当的词语翻译。

例1

【原文】

唐招提寺の国宝鑑真和上像里帰りのことを、中国では鑑真大師回国と表現している。

【原译文】

唐招提寺的国宝鉴真和尚的雕像回到故乡这件事，在中国就代表着鉴真大师回到祖国。

【修改译文】

唐招提寺国宝鉴真和尚的雕像荣归故里，在中国被描写为"鉴真大师回国"。

【分析】

有些日语"こと"在句子中没有实际意义，只是将前文语句"体言化"，此时可以不

译出，不影响句子的连贯性。

例2
【原文】

日本では和上といえば、すぐに鑑真の名が連想されるほど、それはぴったりした称号であるし、またすでに深くなじまれている。

【原译文】

在日本已经达到了如果说到和尚，人们就立刻想到鉴真的名字程度，这不仅是名副其实的称号，而且已经被人们深深地熟知。

【修改译文】

在日本只要一提起和尚，人们就立刻想到鉴真的名字，这是名副其实的称号，且已被人们所熟知。

【分析】

像日语"ほど"这样的词语，表示程度，但在汉译中可以不直接翻译成"程度"，而是通过具体行文来表达程度，就如上文通过"只要一提起……就立刻想到"来表现这种程度，这样才更恰当，而不能拘泥于日语表达。

四、语序不当

日语与汉语属于不同的语系，语序有较大差别，汉译时很容易受到日文语序影响，出现译文不流畅，甚至语句衔接不连贯的情况。因此翻译时不可完全采用硬译的方式，要适当调整语序。

例1
【原文】

崩壊の危険に瀕した徐渭の精神を救ったのは、皮肉にも七年に及ぶ獄中生活であったようだ。

【原译文】

拯救了徐渭濒临崩溃的精神的，讽刺的似乎是长达七年的狱中生活。

【修改译文】

具有讽刺意味的是，好像竟然是那长达七年的狱中生活拯救了徐渭濒临崩溃的精神。

【分析】

日文"皮肉にも"按照日语语序翻译时放在第二小句的开头，显然未将原文的语义表

达清楚,即"皮肉にも"所修饰的是整个语句的语义,即"拯救了徐渭濒临崩溃的精神的竟然好像是那长达七年的狱中生活"是"具有讽刺意味的",所以应该在翻译成汉语时将"具有讽刺意味的"置于整个句子开头。另外考虑"徐渭濒临崩溃的精神"之间"长达七年的狱中生活"的施事与受事关系,按照汉语表达施事在前,并体现出对"长达七年的狱中生活"的强调。

例2

【原文】

細っこい白い木柵に、紅い薔薇をからませた門がありました。

【原译文】

又细又长的白色栅栏中间有一扇爬满了红玫瑰的门。

【修改译文】

又细又长的白色栅栏中间有一扇门,门上爬满了红玫瑰。

【分析】

名词修饰语长是日语表达的一大特点,而汉语则不然。"又细又长的白色栅栏中间"和"爬满了红玫瑰"两个长修饰语叠加,不符合汉语表达习惯,拆译并适当调整语序,将第二个修饰语"爬满了红玫瑰"修饰语后置作为分句。

例3

【原文】

将来、満州語を使う機会などあるとはおもえないのである。

【原译文】

将来不认为有机会学习满语。

【修改译文】

(他们)觉得将来没有机会使用满语。

【分析】

看似"おもえない"接续在"満州語を使う機会などある"的后边,但是作为整个句子的谓语,语义关涉全句,即"将来"也在"不认为"的语义所关涉的范围之内,所以"不认为"不能放在"将来"的后边,如果放在"将来"的后边,就成了"将来不认为",那么"现在"就这么"认为"吗?显然语义与原文产生偏差,因此要在语序上做相应调整,以确切表达日文原文的语义。

五、被动句误用

受日语影响，日译汉时被动句滥用现象不乏其例，汉语表达被动式时，有时可以或必须使用主动式来表达。当然，被动句的误用与现代汉语语法欧化也有一定关系。

例1
【原文】
乾陵は武則天が夫の陵墓として造営したが、いずれ自分もそこに合葬されることを予想していたのはいうまでもない。

【原译文】
乾陵是武则天为她的丈夫而修建的陵墓，但她当然也预想到了自己也终将被合葬于此。

【修改译文】
乾陵是武则天为她的丈夫而修建的陵墓，但她当然也预想到了自己也终将会合葬于此。

【分析】
因没有出现"施事者"，译文中"被修建"的"被"可以删去，"被合葬"的"被"字句可以使用能愿动词"会"句来表达，这样更符合汉语规范。

例2
【原文】
一九八五年は彼の生誕二百年にあたっていて、さまざまな記念行事がおこなわれた。

【原译文】
1985年是他诞辰二百年，各种各样的纪念活动被举行。

【修改译文】
1985年是他诞辰二百年，举行了各种各样的纪念活动。

【分析】
这个句子里未出现"施事者"，所以不应该使用"被"字句。

例3
【原文】
十一、十二世紀ごろ、宋代の都市の盛り場に、「説三分」と呼ばれる、三国志を専

門に語る講釈師がいたことが記録されている。

【原译文】

据记载十一、十二世纪左右，宋代都市的繁华地带，有专门讲解三国故事的说书人，被称为"说三分"。

【修改译文】

据记载，十一、十二世纪左右，宋代都市的繁华地带，有专门讲解三国志的说书人，当时称为"说三分"。

【分析】

根据汉语表达习惯，"被"字完全可以省略，译成"称为'说三分'"即可，并加译"当时"。

第 10 课
日文误解

对日文文本理解有误造成的误译很常见，而且译者不易察觉。对日文理解有误多数是受到日语词多个义项的干扰，或者受到形近词的干扰，有时还受母语负迁移的影响。

一、词语理解错误

一词多义是各语言词语的特色之一，这些义项之间往往又具有很大关联度，外语学习时需要掌握一个词的所有义项，并且认真辨别它们之间的区别。大部分翻译过程中对词语的误解都出自对原文义项选择上。其实，当词语在文中出现时，义项已经通过上下文的文脉得以确定，所以翻译时需要熟读上下文，避免误译。

例1
【原文】
城壁と濠とをへだてて迷楼の隣りにあった大明寺も、おそらく現在の規模よりずっと大きい伽藍だったにちがいない。

【原译文】
迷楼的旁边，隔着城墙与护城河的大明寺，肯定也一直是比现在的规模大得多的寺庙。

【修改译文】
隔着城墙与护城河位于迷楼旁边的大明寺，肯定比现在的规模大得多。

【分析】
"ずっと"后接形容词时，多表示程度，为"……得多"之意。

例2
【原文】
私は記念碑を仰ぎ、復原された東塔院にはいり、いつのまにか、またあの謎を解こうとしている自分に気づいた。

【原译文】

瞻仰过空海纪念碑后，我前往复原后的东塔院，不知不觉间意识到自己正力图再次解开那个"谜团"。

【修改译文】

瞻仰过空海纪念碑，我前往复原后的东塔院，发现自己还是想解开那个"谜团"。

【分析】

原文没有"再次"这个意思。"また"有"又、再、还"的义项，估计原译文作者将日文"また"理解成"再次"了，不过根据上下文语境应该选"还"这个义项。

例3

【原文】

鈴なりにぶら下っている乗客の間をかき分けて、強引に、機敏に汽車の窓から動き出した車に飛び乗る。よたよたの老華僑が豹のような敏捷さに急変したことを、万一見つけられたらと考えないでもなかったが、もはやその余裕はなかった。汽笛一声を残して汽車は緩やかにバンコックのホームを辷り出した。

【原译文】

发车的铃声响起来了，我拨开攀拉在窗台上的乘客，蛮横而迅捷地从窗户跳进开始启动的火车。步履蹒跚的老华侨突然像猎豹一般敏捷是否会引人怀疑，我不是没想过，但已经没有时间犹豫了。火车随着一声汽笛，缓缓地驶离了曼谷车站的月台。

【修改译文】

我拨开拥挤不堪的乘客，迅捷地强行从窗户跳进已经开始启动的火车。步履蹒跚的老华侨突然像猎豹一般敏捷是否会引人怀疑，我不是没想过，但已经没有时间犹豫了。随着一声汽笛，火车缓缓地驶离了曼谷车站的月台。

【分析】

原译文的译者之所以将"鈴なりにぶら下っている"误译为"发车的铃声响起来了"，是因为对惯用句"鈴なりにぶら下っている"不熟悉而望文生义，也因为原文中有火车即将发车的情景，译者便以为"鈴なりに"是发车的铃声了，因而也就对后面的"ぶら下っている"出现了误译。这种原文的语境也增加了译者望文生义的可能性。

二、对句子内在逻辑关系理解有误

除了掌握词语的辨析，句子内部和句子之间的逻辑关系也需要译者完全掌握。文中出现的顺接、逆接、条件、假设等关系，以及各种修饰语的限定范围，需要通过反复研读原

文，反复推敲，避免生吞活剥，在未吃透原文逻辑关系的情况下硬译。

例1
【原文】

晋の左思の「三都の賦」が洛陽の紙価を高からしめたエピソードは有名だが、やはりこの比較論法の修辞の伝統をついでいる。

【原译文】

晋朝左思《三都赋》使洛阳纸价高涨的小插曲十分有名，但仍继承了此类比较论法的修辞传统。

【修改译文】

晋朝左思的《三都赋》使一时洛阳纸贵的轶事十分有名，依然承继了此类以比较方式进行推理的修辞传统。

【分析】

日文中"が"既可以表示逆接，也可用于引出话题。从上下文来看，显然例文前半句句尾的"が"不是逆接关系，而是引出后一句的话题。

例2
【原文】

一般に孫悟空の登場する『西遊記』は、明代の文人呉承恩の作とされている。

【原译文】

《西游记》中一般孙悟空登场，是明代文人吴承恩创作的。

【修改译文】

一般认为《西游记》中有孙悟空登场的版本，是明代文人吴承恩创作的。

【分析】

日文中"一般に"与"『西遊記』"的语义联系比"孫悟空の登場する"更紧密，所以应该是"一般来说，有孙悟空登场的《西游记》……"，所以做如上修改。

例3
【原文】

孫悟空を舞台にのぼらせると、かならず活劇となる。このたちまわりは、演劇のほかのジャンル——アクロバットとつながりをもたねばならない。

【原译文】

要让孙悟空登上舞台的话，一定是武戏。这种武打是京剧的另一种形式，必须与杂技

相连。

【修改译文】

要让孙悟空登上舞台的话，一定是武戏。这种武打必须与京剧的另一种类型——杂技相结合。

"演劇のほかのジャンル"与"アクロバット"中间有破折号相连接，语义为"即"，所以这句话各个部分的逻辑关系为："武打"与"京剧的另一种形式"，即"杂技"相结合，而并非"武打"是"京剧的另一种形式"。

例4

【原文】

場所が宮中の庭であることを示したり、戸外での狩猟であることを示すためにえがかれたようだ。

【原译文】

但这似乎是为了表示宫中的庭院的位置，或者标记户外打猎之所。

【修改译文】

但这似乎是为了表示绘画中的场所是宫中的庭院，或者为了表示所绘图画为户外狩猎的情形。

【分析】

"場所が宮中の庭である"的意思为"（绘画中的）场所是宫中的庭院"而非"宫中的庭院的位置"，显然对日文理解出现了偏差，没有准确把握日文的主语和谓语的关系。

三、语义模糊、表述不精准

翻译是非常精细的文字工作，对于原文的理解，应该不放过每一个细节。译文应该百分之百忠实于原文，不可囫囵吞枣地理解原文，使得译文表述缺乏准确性，甚至导致语义模糊。缺乏经验的译者会经常出现这种情况。

例1

【原文】

鳴沙山で石窟寺の造営がはじまったのは、文献によれば、西暦三六六年ということになっている。

【原译文】

据文献记载，公元366年鸣沙山始建石窟寺。

【修改译文】

据文献记载，鸣沙山始建石窟寺是在公元366年。

【分析】

原文的行文显然是为了强调366年这个时间点，原译文没有将其表达出来，没有理解日文语义的逻辑重点。

例2

【原文】

「青」という字は、文字学者によって、「生」と「丹」をあわせたものと説かれている。

【原译文】

据说，"青"字为文字家将"生"与"丹"相加而成。

【修改译文】

据说，关于"青"字，文字学家解释为"生"与"丹"组合而成。

【分析】

原译文语义表达不确切，令人误以为"青"是文字学者创作的。

例3

【原文】

青磁の名品は、器面の潤い、なめらかな感じ、きらきらしない奥ゆかしい光沢などと、まさに玉をおもわせる。しかも、炎の洗礼をうけ、玉を超えた美をつくり出したものが少なくない。

【原译文】

青瓷名品，器面光泽润滑，能够折射耀眼幽雅之光，可与玉石媲美。既经烈焰洗礼，创造出超越玉石之美并非天方夜谭。

【修改译文】

青瓷名品，器面光润，手感滑嫩又泛着并不耀眼的幽雅之光，让人觉得那就是美玉。而且经历烈焰洗礼，制出超越玉石的美器也不在少数。

【分析】

原译文对"まさに玉をおもわせる"和"玉を超えた美をつくり出したものが少なくない"两处翻译有"过度翻译"之嫌，也并未将日文原文要表达的内容传达清楚。

例4

【原文】

それにもかかわらず、唐招提寺は鑑真さんのお寺であるのだ。如宝はきわめて有能な人物であったが、鑑真和上の息吹が、この寺から消えないように、とくに気をつけた。そのために、如宝色をできるだけ出さないようにつとめたであろう。私にはそうおもえてならない。

【原译文】

提起唐招提寺却仍能马上想起鉴真。如宝是极具才能之人，但鉴真的气息却丝毫没有从这座寺庙消失过，荡然天地间。我不禁想，鉴真为让如宝人尽其才，尽可能不现身吧。

【修改译文】

提起唐招提寺人们却仍能马上想到这是鉴真的寺院。我不禁想，如宝是极具才能之人，他十分注意不让鉴真的气息从这座寺庙里消失。为此，他也尽量努力使自己的色彩不显现出来吧。

【分析】

原译文中"荡然天地间"属于加译的内容，实无必要。另外，"鉴真为让如宝人尽其才，尽可能不现身吧"这句为误译，没有真正理解日文的语义。

例5

【原文】

それを日本の読者に紹介することも、大きな意義があるはずである。

【原译文】

将其介绍给日本读者亦影响深远。

【修改译文】

将其介绍给日本读者也意义深远。

【分析】

"影响深远"和"意义深远"语义还是有差别的，要选择更贴近日文原文的词语来翻译，不可模棱两可。

例6

【原文】

国宝に近づくおそれで、指がかすかに揺れるのであろう。

【原译文】

我由于敬畏之情，遂不敢靠近国宝，手指竟也微微摇晃。

【修改译文】

我靠近国宝,心怀敬畏,手指竟也微微抖动。

【分析】

原译文会让读者误以为:手抖动着不敢靠近国宝。根据上下文语境可知,当时编者正拿着放大镜鉴赏国宝,所以修改后的译文更确切。"摇晃"也可以用"抖动"代替。

例7

【原文】

十九世紀末、蔓や苔に蔽われていた好太王碑が発掘され、その後、ほぼ百年のあいだ露天に立っていた。

【原译文】

19世纪末,历经岁月浸染的好太王碑出土了,此后便矗立于露天之中近百年。

【修改译文】

19世纪末,藤蔓、青苔遮蔽的好太王碑重见天日,此后近百年间一直露天而立。

【分析】

认真阅读日文原文就会发现石碑并非埋在土中,而是被藤蔓、青苔所遮蔽着,所以不应该使用"出土"一词。

例8

【原文】

萬暦二十六年(一五九八)、彼は執政の意を失い、湖広按察副使の要職に任命されたのに、病気を理由に辞職した。

【原译文】

万历二十六年(1598),董其昌逐渐失去政治热情,朝廷任命其为湖广按察副使这一要职时,他却因病辞职不就。

【修改译文】

万历二十六年(1598),董其昌失去政治热情,朝廷任命其为湖广按察副使这一要职时,他却称病辞职不就。

【分析】

原译文译者对原文理解不精确,"病気を理由に辞職した"的意思是以生病为由辞职不就,或许并非真生病了而"辞职不就",得病可能只是不想上任的托辞。

例9

【原文】

同郷の張汝霖は、徐渭は胡宗憲に連坐するのをおそれ、狂気を伴っているうちに、ほんとうに狂ったのだという、いささか意地の悪い見方をしている。

【原译文】

同乡张汝霖，十分恐惧自己与徐渭一样受胡宗宪案牵连，逐渐疯癫过程中，似乎真的发狂了，一些看法不怀好意。

【修改译文】

据说其同乡张汝霖认为徐渭十分害怕自己受胡宗宪案牵连，于是佯装疯癫，可是在此过程中，似乎真的发狂了，这种看法有些居心不良。

【分析】

原译文译者对日文理解有误，"徐渭は胡宗憲に連坐するのをおそれ"这句日语是说"徐渭十分害怕自己受胡宗宪案牵连"，而并非张汝霖害怕受到牵连。

第11课
汉语表述能力欠缺

优秀的译者，不但需要精通日文原文，也应该具备娴熟表达汉语的能力。翻译作为一个再创作的过程，译者的汉语表达能力决定了创新性的高低，也最终决定译文的质量。汉语表述能力欠缺造成的翻译不当，主要表现在用词不当、语言缺乏美感和文风偏差等几个方面。

一、用词不当

用词不当不但表现在词语表达的精准度上，还表现在褒贬色彩使用不当、过分解读原文词义等方面。

例1
【原文】
おくりものは、心のこもったものでなければならないが、相手にとってめずらしいものでなければならない。
【原译文】
献礼时必须心悦诚服，而且要献对对方来说十分珍稀的礼物。
【修改译文】
送礼物时必须真心实意，而且要送在对方看来是十分珍稀的物品。
【分析】
原译文"心悦诚服"语义为"真心地服气"，在这里没有确切地表达出"心のこもった"的语义。另外使用"献"不如用"送"更加自然。

例2
【原文】
この本は、私たちの目のまえにひかれた、あざやかなスタートラインである。意義深い出版といわねばならない。

【原译文】

此书便作为我们面前一道鲜明起跑线，出版意义可谓空前绝后。

【修改译文】

此书的出版便作为我们面前一道鲜明的起跑线，意义深远。

【分析】

原译文使用"空前绝后"来形容出版的意义显然用词不当，虽然我们能理解译者要强调意义之大的初衷。

例3

【原文】

徐渭、四十六歳の嫉妬である。カッとなって棒状のものを、力まかせにふりおろしたらしい。

【原译文】

四十六岁的徐渭极为善妒，似乎给人以当头棒喝。

【修改译文】

似乎四十六岁的徐渭妒火中烧，勃然大怒，他猛地操起一根棒子全力劈将下去，张氏死于非命。

【分析】

原译文为追求辞藻，意义表达出现严重偏差，"当头棒喝"使用不当。因为"当头棒喝"是促使他醒悟之义，比喻严厉警告，促使人猛醒过来。这个词义源于佛教禅宗，据说和尚接待初学者时常用木棒一击或大喝一声。在这里实际上是拿棒子砸人，并非促使人警醒。最后根据上下文语义，又补充了"张氏死于非命"。

例4

【原文】

五代最後の王朝である後周の世宗柴栄（九二一一九五九）は、名君の誉れの高い人物だが、若くして死んだため、その政権はの最高首脳の趙匡胤（宋の太祖）によって継承された。これが宋王朝である。

【原译文】

五代最后一个王朝后周的皇帝世宗柴荣（921—959），为历史上明君圣贤,却年少驾崩。因此其政权由最高统帅赵匡胤（宋太祖）继承下来。这就是大宋王朝。

【修改译文】

五代最后一个王朝后周的皇帝世宗柴荣（921—959）是历史上享有盛誉的明君,却英

年早逝。因此其政权由最高统帅赵匡胤（宋太祖）继承下来。这就是大宋王朝。

【分析】

此处"为"改为"是"，因为整个句子表达需要行文简洁自然，用"为"则偏重文言，有些做作。根据文风的要求选择用词，改为"是"更妥。"年少驾崩"改为"英年早逝"，因为考虑到柴荣将近40岁去世，不适合用"年少"一词，所以修改成"英年"为宜。

例5

【原文】

趙匡胤の遺訓によって後周の柴家は、皇族として待遇され、南宋末までつづいた。

【原译文】

依照赵匡胤遗训，后周柴姓一族仍以皇族身份享受荣华，一直延续到南宋末年。

【修改译文】

依照赵匡胤遗训，后周柴姓一族仍以皇族身份享受优遇，一直延续到南宋末年。

【分析】

这里为了强调所享受荣华来自大宋王朝的恩赐，将"荣华"改为"优遇"更为适合。

例6

【原文】

この世宗柴栄は首都の開封府（現河南省開封市一帯）に窯を開いて焼造させたが、担当の役人が、「どのような色の磁器を焼造しましょうか?」と指示を請うたところ、――雨過天青雲破処と、答えたという。

【原译文】

世宗柴荣曾经在都城开封府（现河南省开封市一带）开窑烧造，相传当时陶器艺人请示瓷器的外观样式，世宗柴荣大笔一挥，批示道：雨过天晴云破处。

【修改译文】

世宗柴荣曾经在都城开封府（现河南省开封市一带）开窑烧造，相传当时陶器艺人请示要制作什么样釉色的瓷器，世宗批示道："雨过天晴云破处。"

【分析】

根据上下文，请示的内容应与釉色有关，所以此处作此修改，而且为避免行文浮夸，将"大笔一挥"删去。

例7

【原文】

『水滸伝』でも、首領の宋江よりも、暴れ者の花和尚魯智深や、虎殺しの武松といった、明快な人間のほうが人気がある。

【原译文】

即使在《水浒传》中，比起头目宋江，粗暴的花和尚鲁智深，打虎的武松之类的明快的人受人欢迎。

【修改译文】

即使在《水浒传》中，与头目宋江相比，放荡不羁的花和尚鲁智深，打虎英雄武松，这些性格爽朗明快的人更受人欢迎。

【分析】

直接用"粗暴""明快的人"来翻译"暴れ者""明快な人間"不太妥当，也缺乏文采。

例8

【原文】

彼の祖先の著書『范文正公集』はむかしの日本の読書人に愛読されたが、彼の書画はこれからの日本の美術愛好家に愛されるようになるだろう。

【原译文】

范仲淹著作《范文正公集》为当时日本读者所喜闻乐见，其书画今后亦将为日本美术爱好者追捧。

【修改译文】

其先祖范仲淹的著作《范文正公集》深受过去的日本读者喜爱，他的书画作品也一定会受今后的日本美术爱好者喜欢的。

【分析】

"喜闻乐见"这种轻松愉快的语感，在这里用于仲淹著作《范文正公集》这样有厚重感的作品似有轻薄之感，所以不适合。"追捧"常带有贬义，用在这里也不恰当。

二、语言缺乏美感

语言的美感，包括用词得当、表达顺畅、节奏明快、具有新意等方面。它需要译者具有较高的汉语综合修养。再具有美感的原文，如果没有优秀的汉语素养加持，是很难译出优美的汉语的。

例1

【原文】

大酒を飲えで竹と牡丹をえがいたが、酔いつぶれて、翌日になってはじめてそこに題画の詩を書きこんだこともあった。「書第一」と考えている彼は、大酔すれば絵はかけても書はかけなかったのである。

【原译文】

他喝得酩酊大醉，画出了竹子和牡丹，但喝得酩酊大醉，直到第二天才在那里写下题画诗。想着"书法第一"的他，如果喝得酩酊大醉，即使画了画，也不会写。

【修改译文】

有时他豪饮后，画出竹子和牡丹，但因醉意正浓，直到第二天才在画作中写下题画诗。自诩"书法第一"的他，如果喝得酩酊大醉，即使作了画，也不会题字。

【分析】

这是一个用词单调雷同的案例，前前后后出现三个"酩酊大醉"，过于单调乏味，将这些词变换说法，译文更富语言美感。可能是看到原译文使用太多"酩酊大醉"，造成了审美疲劳，修改译文译者竟未用一个"酩酊大醉"，也将原文语义完全表达出来，可见语言应用过程中有很多条路可以走，关键在于用心斟酌。

例2

【原文】

白鶴美術館のなかには、何千年もまえの古代人の願望が犇めいている。しかもそれは系譜として、われわれ現代人の願望につながっているはずである。

【原译文】

白鹤美术馆中，亦汇集千年前古人魂牵梦萦之愿。其作为系谱，更与现代人之愿一脉相承。

【修改译文】

白鹤美术馆中，汇集几千年前古人魂牵梦萦的企望。其作为源流，更应该与现代人的愿望一脉相承，息息相关。

【分析】

这里对原译文的修改中增加"息息相关"，也是如上一个案例那样，为了追求更好的节奏感，增强语言美感。

例3

【原文】

だが、めずらしい物品は失われても、人が伝えたわざや、彼の見聞などは、なんらかの形で残って、人びとの生活をひろげ、相互理解に役立つこともあっただろう。

【原译文】

然而，即使丢失了珍奇之物，人所传下来的技能及其所见所闻，也会以某种形式留存下来，丰富人们的生活，对互相理解交流也有所助益吧。

【修改译文】

然而，即使稀有物品丢失了，人所传下来的技能及其所见所闻，也会以某种形式留存下来，丰富人们的生活，有助于人们之间的相互理解。

【分析】

什么丢了，什么留存下来，这样上下句对应，语句的流畅程度更好，所以将"丢失了稀有物品"修改为"稀有物品丢失了"。另外两个"也"字比较啰嗦，也影响语句流畅度，所以去掉了一个"也"。

例4

【原文】

雨があがったばかりの空の青さ。それが磁器の色について、若き英主が希望したものであった。

【原译文】

年轻英主理想着色犹如雨过天晴后，澄清之蓝空。

【修改译文】

雨后初晴，天空澄清蔚蓝。在这瓷器的釉色中寄予了年轻英主的胸中希冀。

【分析】

语言的优美不仅体现在个别词语的选择上，还体现在叙述的方式上。只有不断斟酌用词和叙述方式才能表现出语言整体的美感。

例5

【原文】

三蔵法師のお供をして、天竺国大雷音寺へ行くまでのあいだ、つぎつぎあらわれる妖怪どもをなぎたおして行く。活劇の場面はいくらである。

【原译文】

陪同法师，去天竺国大雷音寺的途中，接二连三出现的妖怪们，武打的场面要有多少

就有多少。

【修改译文】

陪同法师去天竺国大雷音寺的途中,<u>一路斩妖除魔</u>,武打的场面要多少就有多少。

【分析】

本身原译文的"接二连三出现的妖怪们"就缺少谓语动词,而且这些拘泥于日文的翻译文字表现力不够,这里将原译文的"接二连三出现的妖怪们"修改为"一路斩妖除魔"更加生动,三个双音节连续形成的节奏感也相当好。

三、文风偏差

文风偏差主要包括语体色彩偏差和不同文体语言风格的偏差。这里说的语体既包括口头语与书面语的问题,又包括白话文和文言文语体的问题。不同文体风格主要指独立成篇的文本体裁,是文本构成的规格和模式,包括记叙文、议论文、说明文、小说、诗歌,等等。译者需要根据原文语体和文体,统一译文,不可忽而口语,忽而书面语,忽而文言文,忽而白话文;也不可改变原文的文体。本节以文风活泼的历史文化随笔为例,对不符合其翻译风格的译例加以评析。

例1

【原文】

これは<u>歴史学上</u><u>きわめて興味ある</u>問題であろう。

【原译文】

这是历史学上<u>非常有意思</u>的话题。

【修改译文】

这是历史学上<u>饶有兴趣</u>的话题。

【分析】

"有意思"是过于口语化的表达,不如改成"饶有兴趣"这样相对书面语化且具有文采的表达。

例2

【原文】

噂に高い「富春山居図」を手に入れて、乾隆帝は<u>よほど喜んだとみえる</u>。

【原译文】

乾隆得到大名鼎鼎的《富春山居图》,<u>非常开心</u>。

【修改译文】

乾隆得到大名鼎鼎的《富春山居图》,喜不自胜。

【分析】

"非常开心"与上下文语体色彩不符,用于形容皇帝,显得较为平白,替换为"喜不自胜",更加符合对皇帝的身份。

例3

【原文】

さわがしい時代になっていたが、黄公望たちの絵の中に私たちはそのさわがしさを認めることは困難である。

【原译文】

黄公望处于一个喧嚣的时代,在他的画中我们却丝毫捕捉不到不安定的时代之气。

【修改译文】

黄公望处于一个纷扰喧嚣的时代,在他的画中我们却丝毫捕捉不到喧嚣浮躁的时代之气。

【分析】

根据上下文解释补充语义,符合生动鲜活的文风,且使句子朗朗上口富有韵律感。

例4

【原文】

大汶口文化後期の白陶鬹が展示されているが、それは円錐形の三本の袋足をもち、均斉がとれて、きわめて安定している。土器の袋足について、それは遊牧民族が携帯している革袋からヒントを得たものであろう、という学説を読んだことがある。もしそうだとすれば、この器形のなかに、文明の秘密を解く鍵が封じこめられているといってよいだろう。革袋の欠点は、それをじかに火にくべて、あたためられないことにある。土器ならそれはできる。そこに気づいたとき、文明は一歩おしすすめられたのだ。

【原译文】

本批展品中,有大汶口文化晚期的代表器物白陶鬹。此类陶器底部为三个袋形锥足,各袋足大小匀称,三足鼎立十分稳固。我曾在某本学术著作上看到过,陶器袋足的制作灵感来源于游牧民族所携带的皮革口袋。若真如此,或许这袋足造型之中,就蕴藏着破译文明的密码。皮革口袋的缺点是易老化、怕火,无法加热。但陶器完全克服了以上缺陷。人们意识到这一点,开始采用陶器作为生活生产的工具,这标志着文明又向前迈进了一步。

【修改译文】

展品中有大汶口文化晚期的代表器物白陶鬶。那些陶器底部为三个袋形锥足,各袋足大小匀称,三足鼎立十分安稳。我曾在某本学术著作上读到过,陶器袋足的制作灵感来源于游牧民族所携带的皮革口袋。若真如此,可以说这袋足造型之中,就封存着破译文明密码的关键所在。皮革口袋的缺点是无法直接用火加热,但陶器完全克服了这一缺陷。当人们意识到这一点,便在文明之路上又向前迈进了一步。

【分析】

原译文整体呈现出一种"说明文""工事报告"式的文风,其中"本批展品中,有大汶口文化晚期的代表器物白陶鬶。此类陶器底部为三个袋形锥足,各袋足大小匀称,三足鼎立十分稳固",还有"皮革口袋的缺点是易老化、怕火,无法加热。但陶器完全克服了以上缺陷"这两句尤其突出。句中使用了"本批""此类""稳固""以上"这样的词语凸显了文风特点,修改译文将"本批"去掉,将"此类"改为"那些",将"稳固"改为"安稳",将"以上"改为"这一",使语感由硬朗转为柔和,体现原作"文化随笔"的文风,增加可读性。

例5

【原文】

そうすれば、私たちが青銅器に認めるのは、ただ古代人の想像力や表現力ではなく、彼らのつよい願望でもある。

【原译文】

综上所述,青铜器既凝结古人想象力、表现力,亦寄托其强烈愿望。

【修改译文】

由此可见,我们认可青铜器,不仅因其凝结着古人的想象力和表现力,而且也因其寄托着古人强烈的期盼。

【分析】

"综上所述"是典型的科研论文的表述方式,用在这里不合适。

例6

【原文】

とすれば、日本にある国宝青磁三点とも龍泉窯ということになる。

【原译文】

上述三件日本国宝青瓷皆出自龙泉窑。

【修改译文】

日本的这三件国宝青瓷皆出自龙泉窑。

【分析】

"上述"科研论文风格不符合文化随笔的文风,将"上述三件日本国宝"修改为"日本的这三件国宝"。

例7

【原文】

心のあたたかい芸術家で、それが作品のすみずみに反映しているようにおもう。

【原译文】

由此可见范曾堪称德厚流光之艺术大家,仁厚之心散布作品各处。

【修改译文】

这位为人热情的艺术家,作品中也到处反映着他的仁厚之心。

【分析】

原译文语体偏古文,比较生涩,修改后更符合文化随笔的风格。

例8

【原文】

中国の天下争いの物語の代表は、なんといっても三国志であろう。

【原译文】

《三国志》乃争霸天下之代表史传。

【修改译文】

《三国志》是中国群雄争霸天下的代表性故事。

【分析】

原译文使用"乃""之",导致语言表达文言文色彩过重,所以改成"是""的"。

第12课
翻译技巧应用不当

灵活运用各种翻译技巧，是提高翻译质量的必要保障。译者需要通过大量的练习，达到自觉应用翻译技巧的程度；同时，又不能为各种翻译技巧所束缚，生搬硬套翻译技巧。本课中举出部分未能正确使用翻译技巧而导致译文不畅或错译的实例。

一、拘泥日文原文

翻译需要百分之百忠实于原文，能直译的地方，尽可能直译，但这并不等于拘泥于原文，生硬翻译。生硬翻译往往难以忠实于原文，而忠实于原文则需要在翻译过程中体现出译文的创造性来。

例1

【原文】

この場面は、孫悟空がなぜ三蔵法師の弟子となり、天竺まで護って行くことになったか、そもそものはじまりを説明する筋である。

【原译文】

在这个故事中，孙悟空为什么成为三藏法师的弟子，护送去天竺，最开始有情节来说明。

【修改译文】

大闹天宫这场戏说明了西游记故事的缘起，即孙悟空为什么成为三藏法师的弟子，又护送其去天竺取经。

【分析】

按照原译文来理解，不能明了这个用来说明"孙悟空为什么成为三藏法师的弟子，护送去天竺"的"情节"是什么。这里涉及的是具体化的翻译技巧。原文中的"この場面"是一种指代，翻译成汉语时，此处不能拘泥于原文，应该直接译出其所指代的具体内容，也就是具体指出什么戏，根据上下文可知是"大闹天宫"这场戏。

例2

【原文】

おなじ『三体詩』に晩唐の鄭谷の「日東の鑑禅師に贈る」と題する七絶があり、日東が日本だが、鑑禅師の素姓は不明であるという。

【原译文】

同为"三体诗"之晚唐郑谷所作题为《赠日东鉴禅师》之七言绝句，日东即日本，但鉴禅师来历不明。

【修改译文】

同样收录在《三体诗》中，有一首题为《赠日东鉴禅师》的七言绝句，是晚唐郑谷所作。日东即日本，但鉴禅师姓名不详。

【分析】

原文中"七絶"之前有较长的定语，此时需要运用拆分技巧，译文中减少"七絶"前的修饰成分，将原来的部分修饰成分置于"七絶"之后。如果拘泥于原文，会出现较长的定语，不符合汉语表达习惯。

例3

【原文】

私たちはそこにのびのびとした線をみる。まさにそれは龍泉の地そのもののすがたなのだ。

【原译文】

我们仔细端详瓷身上舒展之线后不由惊叹，此线正为龙泉地本身。

【修改译文】

我们仔细端详瓷身上舒展的线条轮廓，不由惊叹，这正是龙泉出品的瓷器的本来面目啊。

【分析】

原文中的"のびのびとした"和"そのもの"，如果拘泥于原文，翻译时很难体现出汉语的美感和感叹的语气。

二、加译应用不当

加译是翻译中常见的翻译技巧，需要译者根据原句或上下文文脉，适当补充汉语，尤其是各种连接词等。但加译很容易画蛇添足或改变原文语义，变成"过度翻译"。另一方面，译文需要加译之处，由于译者未进行加译处理，使得译文表达不通畅的例子也比比

第12课　翻译技巧应用不当

皆是。

例1
【原文】
すっきりしたスタイルをもつ白鶴と、煩雑な紋様からなる饕餮と、この両極のものが、住吉川のほとりの美術館で結び合わされているのは、めでたくもおもしろいことである。

【原译文】
白鹤图腾画风流畅，饕餮图腾花纹繁复，两极相生相克，与住吉川畔白鹤美术馆珠璧交辉，相映成趣。

【修改译文】
白鹤图腾简洁流畅，饕餮图腾花纹繁复，这样处于两个极端之物，在住吉川畔的白鹤美术馆珠璧交辉，相映成趣。

【分析】
原译文或许因原文中出现了"两级"，由此引申，随意加译内容"相生相克"，这并非原文要表达的内容，完全没有添加的必要。

例2
【原文】
理想には個人差もあれば、時代差もあるだろうが、その差を超えた美があるはずだ。

【原译文】
理想因人而异，也有时代之别，因此超越个人与时代之美则更为石破天惊。

【修改译文】
理想因人而异，也有时代之别，而本应体现出超越这种差异的美。

【分析】
原译文中随意加入了"石破天惊"这样浮夸的成分，与原文明显不符。

例3
【原文】
私事にわたるが、三年前に写真家である私の息子が、北京の范曾さんのお宅にお邪魔して、いろいろと教えをうけた。

【原译文】

于私人层面，犬子为职业摄影师，三年前在北京曾有幸拜访范曾先生，收获先生诸多提点，如沐春风。

【修改译文】

提一句私事，犬子是职业摄影师，三年前在北京曾有幸拜访范曾先生，受到先生诸多指教。

【分析】

原文中只谈及作者的儿子受到范曾先生的指点，并未表达"如沐春风"的心情。译者显然对原文进行了过度解读，增加了原文所没有的内容。

例4

【原文】

だが、三国志の物語を両国が共有する関係は、ほかの古典よりも親密あったようにおもわる。日本の漢学者や作家の努力も忘れてはならない。

【原译文】

但我认为两国在同享三国故事方面，比起其他古典关系更为亲密。日本汉学家、作家亦功不可没。

【修改译文】

不过，我觉得两国在共享三国故事方面，比起其他古典，这种共享关系更为亲密。在这方面日本汉学家和作家也功不可没。

【分析】

在这里，如果不加译"在这方面"，前后两句就在衔接上出现了问题。此时，有必要根据添加具有连接性质的词语，以更好地表达原文的逻辑关系。

例5

【原文】

ともあれ最も怖るべきもの、最もまがまがしいものを想定し、それをいかに表現するかに苦心して、その成果が青銅器などの装飾に発表されたとみてよいだろう。古代の人はそのような極悪、極凶のものを器物に写し、それによってそのまがまがしい力を鎮めようとしたにちがいない。

【原译文】

总之，古人想象出最为恐怖、最为不祥之物，并煞费苦心地将其表达出来，可以说其成果就展现在青铜器等器物的装饰上。古代人将上述穷凶极恶之物刻于器物之上，一定是

想用它来镇住不祥的力量，驱邪避害。

【修改译文】

总之，古人想象出最为恐怖、最为不祥之物，并煞费苦心地将其表达出来，可以说其成果就展现在青铜器等器物的装饰上。古代人将上述穷凶极恶之物刻于器物之上，<u>一定是想用它来镇住不祥的力量</u>。

【分析】

原译文在"镇住不祥的力量"之后通过引申，添加了"驱邪避害"。因为此处"镇住不祥的力量"已经表达出了近似"驱邪避害"的意思。所以这样的加译并非必要。

三、长句成分处理不当

由于日语语法结构的特点，日文的句子有时非常冗长，而汉语则不习惯于使用太长的句子表达意思。日译汉时，经常需要对日语的长句进行拆分处理，而译者也会经常出现处理不当的情况。

例1

【原文】

門をとざして誰にも会わず、訪問客に「徐渭はおらぬ！」と答えたエピソードもあるが、それは萬暦十年（一五八二）、健康を害したときのことであったらしい。

【原译文】

据说万历十年（1582）徐渭身体状况不佳之时，发生过关上门不与任何人见面，回复来访的客人说"徐渭不在！"这样一段轶事。

【修改译文】

据说万历十年（1582）徐渭身体状况不佳之时，关上门不见任何人，回复来访的客人说"徐渭不在"。

【分析】

在翻译日语长定语句时经常使用的翻译技巧是拆译，要么先翻译修饰语，要么先翻译被修饰语，还有一个就是时间地点优先。这里完全可以将被修饰语"エピソード"隐去，将后文介绍的时间提前，按照汉语惯常的叙述方式，以"什么时间""谁""怎么样了"这样的语序叙述出来。

例2

【原文】

おそらくなま身の人間玄奘を護衛するために、神通力をもった者を派遣するのではないかと考えるのはとうぜんであろう。

【原译文】

恐怕是为了保护肉身的玄奘，派遣具有神力的人的想法难道不是理所应当的吗？

【修改译文】

人们自然会认为，上天会派遣神通广大、法力无边的人来保护玄奘的肉身。

【分析】

这是个长定语句子翻译的问题，"おそらくなま身の人間玄奘を護衛するために、神通力をもった者を派遣するのではないかと"是"考える"的定语，对于这样的长定语句，通常翻译时可以将被修饰语提前，结合"とうぜん"译成"人们自然会认为"为宜。

例3

【原文】

大阪市立東洋陶磁美術館で、国宝「飛青磁花生」の器面を、ルーペでのぞいたとき、私はたしかにこれは「生」だとおもった。こまかな気泡がそこにひしめいたのである。焼造のとき、胎土や釉から出したガスがつくり噴出したものなのだ。

【原译文】

在大阪市立东洋陶瓷美术馆，我用放大镜鉴赏国宝"飞青瓷花瓶"的器面时，我深刻体会到了什么是"生"，即为瓷面散布许多烧造之时，胎土与釉子中释放之气形成的细小气泡。

【修改译文】

在大阪市立东洋陶瓷美术馆，我用放大镜鉴赏国宝"飞青瓷花瓶"的器面时，我深刻体会到了什么是"生"。瓷面分布着许多细小气泡，这是在烧制过程中胎土和釉子中释放出的气体形成的。

【分析】

原译文以长句的表达方式来翻译，带有说明文的特质，不太适合。把被修饰成分先翻译出来，然后再翻译修饰成分，这样化为短句来表达更好。

下　实践篇

第 13 课
童话翻译例文

童话是儿童文学体裁之一，因其读者对象为儿童，汉译时需要使用浅显的语言，避免出现生涩词汇，而且句子避免过长，往往以短句为主。本节选取竹久梦二的童话集《春》中的第一篇。竹久梦二是日本大正、昭和时期的画家，尤其以插画见长，在日本近现代美术史上占据一定的地位；作为丰子恺所推崇的日本画家，竹久在中国也有一定的影响。同时，竹久也是知名儿童文学家，编辑和创作多部童谣、童话集。这篇童话于大正十五年（1926）出版，使用的是历史假名。历史假名也有罗马字录入方案，比如"ゐ"，在日文输入状态下录入"WI"，"ゑ"录入"WE"，等等。

日文
都の眼

留吉は稲田の畦に腰かけて遠い山を見てゐました。いつも留吉の考へることでありましたが、あの山の向ふに、留吉が長いこと行つて見たいと思つてゐる都があるのでした。

そこに天子様のお城があつて、町はいつもお祭りのやうに賑やかで、町の人達は綺麗な服をきたり、うまいものを食べて、みんな結構な暮をしてゐるのだ。欲しいものは何でも得られるし。見たいものはどんな面白いものでも、いつでも見ることが出来るし、どこへゆくにも電車や自動車があつて、ちよつと手を挙げると思ふところへゆけるのだ。

おなじ人間に生れながら、こんな田舎で、朝から晩まで山ばかり見て暮すのはつまらない。いくら働いても働いても、親の代から子

参考译文①
都市的眼睛

留吉经常坐在稻田的田埂上眺望着远处的山峰，山的那边有一座都市，他想去那里看一看。这种想法一直萦绕在他的心头。

那里有一座天子的都城，城里一直像庙会一样热闹非凡，人们每天都穿着漂亮的衣服，吃着可口的食物，过着幸福的生活。他们想要什么就能得到什么，想看多么有趣的东西都能看得到，只要招一招手，坐电车或开车，想去多远就去多远。

同样是人，而我却生在这样的穷乡僻壤，每天除了山什么都看不到，生活是多么无聊啊！不论世世代代多

---

① 汉语由编者和彭迦南翻译。

の代まで、いやおそらくいつまでたつても、もつと生活がよくなることはないだろう。牛や馬の生活と異つたことはない。たとへ馬であつても都で暮して見たいものだ。廣い都のことだから、馬よりはすこしはましな生活が出来るだらう。留吉はさう考へると、もうぢつとしてゐられないやうな氣がするのでした。

　それから三日目の朝、留吉は都の停車場へ降りてゐました。繪葉書や雜誌の寫眞で見て想像はしてゐたが、さて、ほんとうに都へ来てみると、どうしてこんなに澤山な人間が、集つてゐるのだらう、そしてなんのためにこの大勢の人間は忙しさうにあつちこつちと歩いてゐるのだらう。ちよつと立つてゐる間にさへ、自動車が二十臺も留吉の前を走つてゆきました。

　唐草模様のついた鞄一つさげた留吉は、右手に洋傘を持つて、停車場を出て、歩きだしました。

　「おいおい危い！」腕に青い布をつけた巡査がさう言つて、留吉を電車線路から押しだして、路よりもすこし小高くなつた敷石の上へ連れていつて、

　「電車に乗るなら、ここで待つてゐて下さい」と言ひました。

　そこには立札があつて「帶地全く安し」と書いてあるのです。留吉は「呉服屋の廣告だな」と思ひましたが、帶地の安いことは留吉には用のないことでした。それよりも今夜留

么辛勤地劳作，恐怕都不能过上更好的生活。这样的生活和牛马又有什么区别呢？就算是牛马，也想在都市生活吧。都市天地广阔，我应该能比一匹马过得好吧。留吉这样想着，便迫不及待地收拾行囊前往都市了。

　　第三天早上，留吉在都城下了车。来之前他根据明信片和杂志上的照片想象过都市的场景，可真正到了这里，却又不明白，为什么有这么多人聚集在一起，这些人又为什么脚步匆匆？留吉还没站稳脚跟，面前就有20辆汽车开过去了。

　　他提着一个带有藤蔓花纹的包，右手拿着阳伞走出了车站。

　　"嘿！危险！"胳膊上戴着深蓝色袖章的警察喊道，他把留吉推出电车轨道，又将他带到略高于路面的石头站台上。

　　他对留吉说："要坐电车的话，请在这里等车。"

　　那里有一块告示牌，上面写着"帶地全安"[1]，留吉觉得那大概是衣料店的广告。但是，再便宜的腰带布料也派不上用场，他更在意的是今晚

---

① 在日语中"帶地"指"腰带布料"，"安"意为"便宜"，告示牌上的字从上到下应为"安全地帯"，此处留吉从下往上误读为"帶地全安"，以为是"腰带布料（全部）便宜卖"的意思。

第13课　童话翻译例文

吉はどこへ寝たら好いだらうと考へました。

留吉は、小學校時代の友達で、村長の次男がいま都に住んで好い位置を得てくらしてゐることを思出しました。

卒業試驗の時、算術の問題を彼に教へてやつたことがあるから、訪ねてゆけば、彼もあの時の友情を思出すに違ひない。留吉は、昔馴染の友達の住所をやつと思出しました。

そこは山の手の高臺で。門のある家がずらりと並んでゐるのでした。

二十四番地、都は掛値をするところだから、なんでも半分に値切つて、十二番地、だなんて、村で物識の老人がいつか話してくれたのを思ひ出したが、まさかそれは話だと、留吉は考へました。

さて二十四番地はどこだらう。

細つこい白い木柵に、紅い薔薇をからませた門がありました。石を疊みあげてそのうへにガラスを植ゑつけた塀がありました。またある所には、まるで西洋菓子のやうにべたべたいろんな色のついた。ちよつと食べて見たいやうな西洋風な家もありました。紅い丸屋根をもつた、窓掛の桃色の、お伽噺の子供の家のやうな家もありました。

二十四番地！さあここだぞ。今田時雄、ああこれだ、これが昔の友達、時公の家だ。白い石の柱が左右に立つて、鐵の飾格子の扉のやうな門がそれでした。まるで郡役所のやうな門だなと、留吉は考へました。

門からずつと玄關まで石を敷きつめて、兩側に造花のやうな舶來花を咲かせてありました。

「時公もエラクなつたもんだな、算術なん

住在哪里。

这时，留吉想起小学时的朋友——村长的二儿子，他现在生活在城里一个不错的地方。

"毕业考试的时候，我教过他算术题，现在去找他，他一定还记得当时的友谊吧。"留吉想了又想，好不容易回想起了昔日好友的住址。

那里是一片在高地上的高级住宅区，带有门窗的住宅一座挨着一座。

留吉又想起村里一位见多识广的老人告诉过自己，城市里价格都是虚高的，什么东西都只值一半的价钱，所以24号楼应该折算成12号楼。他转念一想，难不成这只是谣传？

那么，24号楼究竟在哪里呢？

又细又长的白色栅栏中间有一扇门，门上爬满了红玫瑰。楼房周围环绕着石头砌成的围墙，墙顶上镶嵌着玻璃。几座欧式房屋点缀其间，上面涂抹着像欧式点心一样浓艳缤纷的色彩，让人看了不禁想咬上一口。还有几座房子有着红色的圆屋顶，拉着粉红色的窗帘，仿佛童话里孩子们住的地方。

24号楼，没错，就是这里了！"今田时雄"，这就是老朋友时雄的家。留吉觉得他家像镇政府一样气派，大门上装饰着铁艺网格，门的左右竖着两根白色石柱。

精心铺设的石板路从大门一直延伸到房子的入口，路两旁盛开着像假花一样美丽鲜艳的进口花卉。

"时雄现在真是有出息了呀。

か下手糞でも、都へ出るとエラクなれるものだな」留吉は、昔の友達の門をはいつて、玄關の方へずんずん歩いてゆきました。

　すると、なんだか變てこな心持が、留吉の心をいやに重くしはじめました、變だぞ、留吉は生れてはじめて、こんな厄介な氣持を經驗したので、自分にははつきり解らないが、留吉はすこし氣まりがわるくなつたのです。それはたいへん留吉を不愉快にしました。

　「時公におれは竹馬を作つてやつたこともあるんだ。あいつはその事もまだ覺えてゐるだらう」

　この考えは、留吉をたいへん氣安くして、元氣よく玄關の前まで、留吉を歩かせました。「御用の方はこの釦を押されたし」と柱の釦のわきに書いてある。留吉は讀みました。

　「おれは用があるのだ。それにここの主人はおれの友達だからな」留吉は釦を押した。ヂリヂリヂリとどこか家の奥の方で音がしました。さういふ仕かけかなと思つて、留吉は、入口のガラス戸のとこを見てゐますと、そこに一寸角ほどの穴があいてゐます。そこで大きな一つ眼がぎらつと光つたかと思ふと、頭の上でヂリヂリヂリと、舶來の半鐘のやうな音がしました。留吉はもうとてもびつくりして、何を考へる暇もなく、どんどん門の方へ駈けだしました。

　するとその拍子に、留吉の帽子が留吉の頭から飛去つて、ころころと轉つてゆきました。こいつは大變だと思つてゐると、悪い時には悪いことがあるもので、造花の西洋花の中から、齒をむいたチンのやうな顔をした。

以前算术学得那么差，一进城竟然能这么有出息！"留吉走进朋友家的大门，向房门大步走去。

　不知为什么，留吉的心头沉重了起来。"真奇怪啊！"留吉有生以来头一次体会到这种复杂的心情，这种不知名的羞耻感让留吉很是沮丧。

　"我以前还帮时雄做过竹马呢，那家伙还记得吗？"

　留吉这么一想，心里踏实了许多，他打起精神，走到了门前。门框按钮旁写着：有事请按按钮。留吉还读了一遍。

　"我有事找这家的主人，他是我的朋友。"留吉按下了按钮，不知从房子里哪个地方传来叮铃铃的声音。"原来这个按钮是这么用的。"留吉这样想着。接着他往门口的玻璃门里看了看，门上有一个小洞，洞里有一只大眼睛发出耀眼的光芒，这时头顶上方传来一阵叮铃铃的铃声。留吉吓了一大跳，什么都来不及想，三步并作两步冲向了大门。

　就在这时，留吉的帽子被风刮掉了，打着旋儿飞走了。留吉刚想着自己真是倒霉，没想到祸不单行，花丛中闪现出一道凶狠的目光，一只恶犬冲出来对留吉穷追不舍。

第13课　童话翻译例文

しかしずつと愛嬌のない大犬が出てきて留吉を追ひかけました。

　留吉は、十一番地のとこまでまるで夢中で駆出しました。やれやれとそこで立どまると、あとから今田家と襟を染めぬいた法被をきた男が、留吉の帽子を持つて立つてゐました「どうも、これはお世話をかけました」と言つて留吉がその帽子を受取らうとしますと、その手をぐつとその男は摑んで「ちよつと来い」と言つてペンキ塗の白い家へ連れてゆきました。椅子に腰かけた人間の眼が十三ほど、一度にぎろつと留吉の方を見ました。それは巡査でした。

　「先程電話でお話のあつたのはそいつですね」一人の巡査が立つてきて、法被の男に言ひました。

　「こいつですよ、旦那」法被の男が言ひました。

　「私はその、なんにも悪いことをしたのではないですよ。その、私は、その、昔の友達を訪ねていつたですよ。ただその、眼が、眼がそのヂリヂリヂリつと言つたでがすよ」留吉は巡査に言ひました。巡査は髭を引張つて言ひました。

　「お前は今田氏の昔の友達だと言ふのだね。それに違ひないか、何といふ名だ」。

　巡査は今田氏へ電話をかけました

　「ははあなるほど、昔の友達だなどと當人は申して居りますが……ははあ、いやわかりました。では、とりあへずですな、外に窃盗などの目的はなかつたものと推定して、放免することにいたしませう。……はい……はい、どうもお手数をかけました。」チリンチ

　留吉发疯似的狂奔。他刚站稳脚跟松一口气，就发现身后站着一个男人，他身穿领部印有"今田家"字样的制服，手里拿着留吉的帽子。留吉说了一句："多谢，让您费心了。"说完便想接过帽子，可是手刚一伸出去就被男人紧紧攥住了。"跟我走一趟。"男人不由分说，便把留吉带到了漆成白色的屋子里。屋子里坐着13个人，他们一齐盯着留吉这边看。原来这里是警察局。

　"你刚才打电话说的就是他吧？"一个警察站了起来，对着那个穿着制服的男人说道。

　"就是这家伙，警察先生。"穿着制服的男人回答道。

　"我，我可什么坏事都没做啊，我，我只是想找我的老朋友。可是我不知道为什么那只'眼睛'叮铃铃地响个不停。"留吉解释道。

　警察捻着胡须说道："你说自己是今田先生的老朋友，这没错吧，那你叫什么名字。"

　警察给今田先生打了电话。

　"啊，原来是这样啊，留吉本人确实说您是他的老朋友之类的话了……好吧，我明白了，那么暂且认定他没有偷盗动机，马上将他释放……好的好的，给您添麻烦了。"

リン電話をかけ終った巡査は、また留吉の方へ出て、さて言ふには、「今田氏はお前のやうな友達は持つたことはないと仰言るよ」

「今田時雄は、その、算術の試験の時.……」

「もう好い。兎に角この帽子はお前に返してやるが、今後は、他人の邸宅へ無断で侵入しては相ならぬぞ、よしか」

留吉は、とある公園のベンチに腰かけて、つくづくと帽子を眺めました。

この帽子が悪いのだ。とにかくこの帽子は、おれを今よりもつと不幸にするかも知れない。田の草をとる時にも、峠を越す時にも、この帽子はおれの連れだったが、今は別れる時だ。留吉は、帽子を捨ててしまはうと決心しました。そこで、腰かけてゐたベンチの下へ、その帽子をそつとかくして、そこを立ちさりました。公園の門を出て二三間歩くと、「おいおい」と言つて巡査が追いかけてきました。

「これは、君のだらう」と言つて、帽子を留吉に渡しました。

「いや、その、これはその…….」留吉が、何を言はうとするうちに、もう巡査は、ほかの帽子か何かを探しにいつてしまひました。

留吉は、不幸な帽子を手に持つて歩いてゐるうちに、たいへん腹がへつてきました。

「民衆食堂一食金十錢」と書いてある西洋館がありました。留吉は、そこへ這入つていつて、隅つこのあいた椅子に腰かけて、帽子

挂掉电话之后，警察走到留吉跟前说："今田先生说他没有你这样的朋友。"

"可是今田时雄之前考算术的时候，我还……"

"行了，这次就算了，总之，你的帽子还你，以后要是再擅自闯入别人的家，可决不轻饶，明白了吗？"

留吉在一个公园的长椅上坐下，一直盯着他的帽子。

都怪这顶帽子，再说，没准这顶帽子会让我以后更加不幸。在田里除草的时候，翻山越岭的时候，它都一直与我形影不离，不过现在是时候和它说再见了。留吉下定决心，要把这顶帽子扔掉。于是，他悄悄把帽子藏在坐着的长椅底下，然后起身离开。一出公园大门刚走十几步①，身后忽然传来一个声音：

"喂，喂！"警察喊着追上他。

"这顶帽子，是你的吧？"说着，把帽子递给留吉。

"不，其实不是……"留吉支支吾吾正打算辩解，警察已经去寻找别的什么诸如帽子之类的东西了。

留吉手里拎着这顶给自己带来不幸的帽子，走着走着肚子便饿得咕咕直叫。

留吉看到一幢欧式建筑，上面写着"民众食堂一餐十钱②"。他走进

---

① 十几步：日本原文使用的是"两三间"，"间"是日本计量单位，一间相当于6尺，约2米，"两三间"即4—6米，这里换算成"十几步"。
② 按当时的计量标准，一钱相当于0.01元，10厘，当时的货币单位由小到大分别为：厘、钱、元。

第13课　童话翻译例文

を卓子の上へおきました。

十錢の食事が終ると、留吉は帽子を椅子の下へかくして、何食はぬ顔をして、出てきました。「君の帽子だらう」あとから食堂を出てきた車屋さんが、すつぽりと留吉の頭へ、帽子ははめてしまひました。

留吉は、長い間こがれてゐた都を見物することも、何か仕事を見つけることも、また昔のお友達を思出すことも忘れてしまつたやうに見えました。ただもう、どうして、この不幸な帽子と別れたものかと、その事ばかり考へて、知らない街を通から通へと歩きつづけるのでした。

日が暮れて街の人通が少なくなつた時分に、留吉は街はづれの汚い一軒の安宿を探しあてました。

「今度はうまくいつたぞ」留吉は、宿の二階の窓から、裏の空地へ帽子を投出しました。それで安心して、その夜はぐつすり眠つてしまひました。人の知らないうちに出立しようとおもて、眼をさますと、帽子は枕元にちやんとおいてあります。

留吉は、また不幸な帽子を持つて、宿を立ちました。留吉は、とある大川の堤の上を歩いてゐました。

「ここだ帽子を捨てるのは。川へ流してしまへば、もう返つて来ないだらう」

留吉は、橋の上から力一ぱい帽子を川の中へ投げやりました。帽子は、小さな波に乗つて、ぶつくりぶつくり、川下の方へ流れて行きました。

「あばよ、をととひ来いだ!」

留吉は、泣きたいやうな好い氣持で、だ

去，找了一个角落里的空位子坐下，然后把帽子放在桌子上。

吃完这顿花了10钱的饭，留吉马上把帽子藏在椅子底下，然后若无其事地走了出去。"这是你的帽子吧?"一个车夫跟着他走出了食堂，把帽子整个儿扣在留吉的头上。

留吉几乎忘记了憧憬已久的都城观光，也忘记了要找的工作，甚至忘记了拜访以前的朋友，现在他一心只想着，为什么甩不掉这顶给自己带来不幸的帽子。就这样，他在一条又一条陌生的街道上徘徊着。

太阳就要落山了，街上的行人越来越少，于是留吉找到一家便宜的旅馆入住，这家旅馆又偏又脏。

"这次肯定没问题了吧!"留吉说着就把帽子从旅馆二楼的窗子扔到了后面的空地上，那天晚上美美地睡了一个好觉。他本打算第二天趁人不注意的时候就出发，结果一睁眼，帽子竟然完好无损地放在了自己的枕边。

于是，留吉又拿着这顶给自己带来不幸的帽子离开了旅馆，走到一条大河的堤坝上。

"就把帽子扔在这儿吧，它会被河水冲走，然后再也回不来了。"

留吉走到一座桥上，使出全身的力气把帽子丢进河里。帽子乘着细小的波浪，向河的下游一起一伏地漂去。

"快滚开吧，别再来烦我了!"留吉高兴得不得了，与渐渐远去的帽

んだん遠くなつてゆく帽子に別れをつげました。すると一艘のモーターボートが、ポクン、ポクン、ポクンと言ひながら、帽子の方へ走出しました。ボートの中には、白い服をきた男が二人と巡査が一人乗つてゐました。まもなく帽子に追いついて、一人が帽子を救ひあげると、急いてボートを岸へつなぎました。留吉があつけらかんとして見物してゐるうちに、帽子はいつの間にかまた留吉の頭の上へのつかつてゐました。

留吉は、なぜか嬉しくなつて、不幸な帽子を頭へのつけたままで泣出しました。しかし、どう考へても、今田時雄の玄關の一寸角のガラスの穴からのぞいた眼が、公園のベンチのうしろの木の蔭からも。公衆食堂の椅子の下からも宿屋の裏の空地にも、大川の橋の下にも、いつもぎらぎらと光つて、留吉のすることを見てゐるやうに思へるのでした。これは留吉には、たらないことでした。

留吉が、不幸な帽子をかぶつて、都の停車場からまた田舎の方へ歸つたのは、それからまもないことでした。（一九二三、七、二四）

子大声告别。这时，一艘摩托艇呜呜地轰鸣着，朝着帽子的方向开去。摩托艇上坐着两个穿白色衣服的男人和一个警察，他们很快追上了帽子，其中一人把帽子捞了上来，接着让摩托艇马上靠岸。留吉正悠然自得地看着风景，不知什么时候帽子又扣在了自己的头上。

留吉莫名地高兴起来，戴着这顶给自己带来不幸的帽子哭了出来。今田时雄家门口玻璃门门孔后探出的眼睛，一闪一闪地发着光，无论在公园长椅后的树荫里，还是在公众食堂的椅子下，或者在旅馆院子的空地上，又或者大河上的桥下，似乎一直在盯着留吉的一举一动。这实在让留吉无法忍受。

于是，不久后留吉就戴着这顶不幸的帽子，又从都城的车站上车，回乡下去了。

第 14 课
小说翻译例文

本课例文选自陈舜臣撰写的长篇历史小说《秘本三国志》第4册第6章前3节，原文为现代日语，对话和心理描写较多。陈舜臣先生是与司马辽太郎齐名的日本历史小说家，一生撰写多部中国历史小说。作为学者型作家，陈舜臣先生的历史小说既有对史实的尊重，又有对历史的独特见解，其历史小说语句简练，脍炙人口。

日文
白狼山に消えた
1

老人の姓は公孫、名は度、字は升済であった。ここ数年来、病気がちであったが、最近めっきり体が衰弱した。そして、気ばかりは強い。

「こんなもの、どこか物置にでも抛り込んでおけ」

病床に上半身を起こした公孫度は、手にしたものを無造作にぽいと放り出した。それは印綬であった。

官印は権力行使が合法であることを証明する物件である。印はほとんど金属製だが、それについた紐を『綬』と呼び、それをからだのどこかにかけたものだ。官吏である以上、誰もがそれを片時もはなさず持っていた。後漢末期は、たいてい肘にかけていたのである。

公孫度が抛った印綬は、板床のうえに、乾

参考译文①
魂断白狼山
一

老人姓公孙，名度，字升济，近几年体弱多病，最近身体更显虚弱，脾气也不是很好。

"把这东西扔到柴房去！"卧病在床的公孙度挺起上半身，随手将手里的东西扔了出去。

那是一枚官印。

官印是行使权力的合法证明，多为金属质地，上面系的带子称为"绶"，这样官印就可以随身携带了。只要当官，官印就得片刻不离地带在身上。东汉末年，基本上都是挂在胳膊上。

---

① 中文由编者译出。

いた音を立ててころがった。朝廷から、公孫度を武威将軍として、永寧郷侯に封じるという沙汰があり、いまその印綬が届けられたのである。

　ここは遼東の襄平城である。

　現在の遼寧省、かつて日本が満洲と呼んだ土地、瀋陽（名奉天）の南にある。日露戦争の激戦地の遼陽城の北方にあった。

　公孫度はそこのあるじである。彼の勢力範囲は、さらに南へのび、朝鮮半島に及んでいた。彼は若いころ、朝鮮半島で役人をしていたことがある。

　後漢王朝が衰え、地方にたいする統制力が弱まったすきに、彼はそこで自立した。中央の勢力が強いときは、地方で自立しようものなら、すぐに討伐されたが、中央が衰弱すると、地方にボスがはびこる。公孫度はその一人であった。

　彼はもうずいぶん長いあいだ、遼東のあるじであった。朝廷もそれを認めて、やっと彼を侯に封じたのである。

　——おめでとうございます。

　と、群臣が祝福したのに、当の公孫度はその印綬をぽいとすててたのだ。

　家臣たちはふしぎそうな顔をした。

　「朝廷といったって、つまりは、曹操ではないか」

　老人は不機嫌そうに言った。　宦官の孫である曹操など、公孫度にしてみれば、なにするものぞ、という気持があった。たまたま中原にいたという地の利があって、いま天子を擁しているのにすぎない。

　（おれは不運であった。……）

公孫度扔出去的官印，在地板上滚了几滚，发出清脆的声音。

朝廷传来旨意，封公孙度为武威将军，赐为永宁乡侯，因而才送来了这枚官印。

这里是辽东的襄平城。

襄平城位于今天的辽宁省沈阳市（旧称奉天）以南，在日俄战争激战地辽阳以北。

公孙度是辽东霸主，势力范围甚至远及朝鲜半岛。他年轻的时候也曾在朝鲜半岛为官。

随着东汉王朝的日益衰败，朝廷对地方势力的控制也逐渐减弱，公孙度趁机在辽东自立门户。若是朝廷实力强盛的时候，如果地方上想要自立，立刻就会被讨伐。然而，朝廷实力衰弱之时，各地便是群雄并起了，公孙度也是其中的一个。

他在辽东自立为王，已经有很长一段时间了，朝廷也只好承认他的地位，最终封他为侯。

"恭喜主公。"群臣纷纷祝贺，然而公孙度却把官印丢了出去。

群臣感到不解。

"什么朝廷，还不就是曹操嘛！"老人不高兴地说。

在公孙度看来，曹操是宦官的孙子，不成体统，只不过是偶然得了中原的地利，现在又挟持着天子而已。

と、この病人は思っている。

　遼東という僻地にいたので、天下に号令するには、地の利を得ていない。みすみす曹操ごときに、中原の覇者の地位を許している。無念このうえもない。

　その朝廷、すなわち曹操から、

　――おまえはその地の実力者である。それを認めてやろう。ついては武威将軍という位をさずけ、永寧郷侯に封じてつかわす。

　という使者が来たのである。

　ものものしくも『印綬』を持ってきた。

　公孫度が、その印綬を拠りなげたのは、彼としてはとうぜんの行動である。家臣たちが不審顔でいるが、そのほうがおかしいではないか。

　「わしはな、自分の力で遼東の王となった。いまさら侯に封じられて、なにを喜ぶことがあろうか。……ばかばかしい。……ふン、おれは運が悪かったのう。……」

　公孫度は横になって、蒲団のなかにもぐりこんだ。

　これは建安九年（二〇四）のことである。このとしの八月に、曹操は袁家の本拠地である鄴城を占領し、御曹司の曹丕が、袁熙の妻の甄氏を奪ったのである。

　公孫度は考え違いをしていた。いつも自分を不運だと言っていたが、ほんとうは幸運であったことを知らない。彼がもし中原の群雄の一人であれば、とっくに滅亡したであろう。彼は所詮、そのていどの器量しかなかったのである。

　遼東の王。……現在の遼寧省から朝鮮半島、さらに海を越えて、邪馬台国にいたるま

　"我命运不济啊……"生病的老人心想。

　辽东地方偏僻，想要号令天下，首先就没有地利之便，只能眼睁睁看着曹操之流雄霸中原，实在令人遗憾。

　从朝廷也就是曹操处，来了使者："你是辽东之主，我也承认你这个地位。现在给你武威将军之职，封你做永宁乡侯。"

　使者还像模像样地送来了"印绶"。

　对于公孙度而言，对这印绶不屑一顾是再正常不过的事。反倒是群臣脸露不解之色，比较奇怪。

　"我凭一己之力当上辽东之主。如今给我封侯，这有什么值得高兴的！蠢货……咳，我真是不走运啊……"公孙度躺了下来，钻进了被子里。

　这是建安九年（公元204年）的事。这一年的八月，曹操攻占了袁氏的居城邺城。曹操的儿子曹丕掳走了袁熙的妻子甄氏。

　公孙度想错了。他总说自己不走运，其实他才是非常幸运的人物。倘若他也是中原群雄之一，恐怕早就被人吞并了。他充其量也就是个辽东之王而已。

　辽东之王——今天的辽宁省直至

で、各地の実力者は、すべて公孫度を盟主と仰いできた。

このような僻地には、たいした人材はいなかったのである。だから、公孫度ていどの人物でも、『遼東の王』などと威張ることができたのだ。

彼は曹操のことを、宦官の孫などとさげすんでいるが、曹操とのあいだに袁家という強力な壁があったので、のうのうとしておれたのである。袁家という壁がなくなれば、公孫度はじかに曹操の脅威に身をさらすことになるのだ。

天下の形勢を見る眼光があれば、朝廷が印綬を送ってきたことについて、その裏に、

——さあ、どうだ、おれにつくか？

と迫ってくる曹操の意思を読んだはずだ。

公孫度はそれが読めなかった。年をとったということのほかに、病気が彼の判断力を、いささか狂わせた事情もあろう。

まもなく彼は死んだ。

息子の公孫康があとをついだ。

朝廷からもらった『永寧郷侯』の位を、彼は自分の弟の公孫康に与えた。公孫康は父親の口癖である、

……わしは遼東の王。

という意識を、そっくりそのまま受けついだのだ。だから、曹操からもらった侯の地位は、弟に譲ったのである。

遼東はこれまで、中原の軍閥混戦に超然としておればよかった。だが、袁家という防壁がなくなったからには、中原の政局の変動の影響を、もろに受けざるをえなくなった。

公孫度は、『井のなかの蛙』的なところが

朝鲜半岛，再越过大海直抵邪马台国之间的各地大小势力，全都以公孙度为盟主。

在这样的偏僻之地，不会有什么了不起的人才。正因如此，公孙度这样的人物才能在这里称王称霸。

他向来看不起曹操，因为他是宦官的后代，不过之前一直都有袁氏这个强有力的屏障挡在他与曹操之间，所以才会安然无恙。如今袁氏这堵大墙不复存在了，公孙度直接受到曹操的威胁。

倘若他真是个审时度势的人，便可以由这枚朝廷送来的印绶之中读出曹操的胁迫之意——"怎么样？还是归顺我吧？"

然而公孙度没有读出来。一方面是他已经年老，另一方面也是因为疾病影响了他的判断力吧。

不久他便病死了。儿子公孙康继位。

朝廷封的"永宁乡侯"，他让给了自己的弟弟公孙恭。公孙康和他的父亲一样，心中总以辽东王自居，当然看不上曹操赐予的侯位，所以才让给了自己的弟弟。

辽东若是一直置身中原诸侯混战之外，固然是一件幸事。然而，袁氏这堵防火墙既然已经倒塌，辽东也就不得不受到中原政局动荡的影响了。

第14课　小说翻译例文

あった。しかし、さすがに息子の公孫康は、父親にくらべると、いくらか天下の形勢がわかっていた。遼東の王でありつづけるためには、臨機応変、柔軟な姿勢をとらねばならないことを理解していた。

2

袁尚は輜重を棄て、変装して中山まで逃げた。やがて、部下もしだいに集まった。だが、まもなく敵があらわれた。袁尚がこれを曹操軍だと思ったのはとうぜんであろう。だが、前哨からの報告では、

……顕思どのの軍勢でございます。はげしく攻め立てておりまする。

ということだった。

顕思とは、袁譚の字である。袁家三兄弟は、その字の上がすべて『顕』であった。次兄の袁煕は顕奕、そして袁尚は顕甫である。

（兄貴か。……）

袁尚は天を仰いだ。

末子の彼が袁家を継承したことを、長兄の袁譚はまだ許していないのである。いま大軍を送って、敗残の弟をなお攻めようとしているのだ。

「あさましいのう。……」袁尚は呟いた。

長兄の執念もあさましいし、自分に袁家をつがせようと画策した母親も、こうなってみればあさましいとおもう。いや、自分も含めて、みんなあさましく、そしてむなしい。

袁尚にはもう戦意のかけらもなかった。彼は側近数名を連れて、ひそかに中山城を脱出した。落ち行く先は、次兄袁煕のいる故安城である。

こうして袁譚は戦わずに中山城にはいり、

公孙度有些"井底之蛙"的味道。不过幸好他的儿子公孙康要比他稍稍明白一些天下大势。公孙康明白，要想久居辽东王之位，就需要随机应变，灵活应对才行。

二

袁尚尽弃辎重，乔装逃去了中山，他的手下慢慢也聚拢过来，然而不久之后敌人也跟了过来。袁尚以为是曹军，但是探马回来禀告说："是显思大人的军队，正在猛攻我军。"

显思是袁谭的字。袁氏三兄弟的字都以"显"字开头。袁熙字显奕，袁尚字显甫。

"是兄长啊……"袁尚仰天叹息。

身为袁绍的幼子，他继承了袁氏家业。然而长兄袁谭并不服气，此刻带领大军前来讨伐兵败的弟弟。

"可悲啊……"袁尚低声自语。

长兄的固执固然不足取，而费尽心机为了让自己得到袁氏家业的母亲，现在看来也是可悲的。甚至包括自己在内，大家都很可悲，又很空虚。

袁尚没有半分战意，他带领几个亲随悄悄逃出了中山城。他要去的地方是二哥袁熙的所在故安城。

这样一来，袁谭不费一兵一卒便

末弟袁尚の軍隊を、そっくり手に入れた。彼は末弟の手から『袁家の総帥』の地位を奪回するために、父の敵である曹操と手を結んだ。そして、いま袁尚の軍隊を併わせてみると、曹操はやはり袁家の敵であることを知った。

　曹操の攻撃から身を守るには、どうずればよいのか？

　曹操の背後に荊州の劉表がいる。劉表がうごけば、曹操も警戒しなければならないだろう。とうぜん、北の袁家にたいする攻勢は緩むはずだ。

　袁譚は劉表に密使を送り、——共に手を結んで曹操を討とう。

と、同盟を申し込んだのである。

「どうずればよいのかな？」

劉表は客員参謀の劉備に咨った。

「袁譚はかつて曹操と手を結んだはず。こんどまた荊州と手を結ぼうとされるのか。……こんな面倒なことに巻きこまれないほうがよいでしょう。いま袁譚に加勢して兵を挙げたなら、曹操は北の袁譚はうちすてておき、我がほうに全軍をむけて参ります。曹操は両面作戦をしない人物です」

と、劉備は答えた。

「なるほど、鄴城のときもそうであったのう。……」　と、劉表はうなずいた。

　曹操は鄴城を包囲していたとき、袁尚の援軍来たるというしらせを受けると、城のほうはうちすてて、全軍をもって袁尚を攻めたのである。

　両面作戦をきらい、全軍を挙げて、各個撃破をめざす。——たしかに、曹操にはそのよ

取了中山，还悉数收编了弟弟袁尚的军队。他为了从袁尚的手中夺回"袁氏主帅"的地位，不惜与父亲的敌人曹操联手。不过此刻收编了袁尚的人马，他知道曹操终究还是袁氏最大的敌人。

要想不被曹操攻击，该怎么办才好？

曹操背后有荆州刘表。若是刘表有所动作，曹操也不得不提防，至少对北面袁氏的攻势会减弱。

袁谭向刘表派去密使，想与刘表结盟——共讨曹贼。

"贤弟以为如何？"刘表询问客居荆州的刘备。

"袁谭曾经与曹操结盟，现在又想与荆州联手吗？还是不要卷入这些棘手的事情中为好。若是此刻出兵相助袁谭，曹操恐怕会舍弃北边的袁谭，全力攻我荆州。曹操不喜欢两面作战。"刘备答道。

"的确如此。邺城就是前车之鉴……"刘表点头道。

当年曹操包围邺城，听说袁尚前来救援，便不理邺城守军，全力击溃了袁尚。

曹操确实不喜欢两面作战，他喜

うな戦い癖があった。

（全軍でこの荊州を攻められてはたまらぬ。巻き添えではないか。ばかばかしい）

劉表は袁譚の申し出をことわることにした。

「ことわるにしても、もっと体裁のいいことわり方はないかな？」

と、劉表は言った。

いかにも劉表らしい言葉である。若いころから、社交好きの貴公子として、人びとにもてはやされた。なんでも恰好よくやりたいのである。同盟の提案を拒否するにも、外面を飾ろうとしたのだ。

「それは景升（劉表の字）どのが得意のことではありませんか」

と、劉備は言った。聞きようによっては、皮肉な発言だが、劉表はにやにや笑った。

「そうじゃ。いい手がある」

恰好をつけることにかけては、劉表はさすがに名手であった。

——血は水よりも濃い。われらと同盟するよりは、令弟たちと仲直りして、兄弟力をあわせて曹操にあたるべきであろう。及ばずながらこの劉表、ご兄弟和睦の仲介の労をとって進ぜよう。

という返事を送ったのである。

曹操に叩きのめされた弟を、ここぞとばかりまた無情に叩いた袁譚が、その弟の袁尚と仲直りなどできるわけがない。それを知っていて、このような返事を出すのだから、体のよい拒絶であることは一目瞭然である。

「いまはこれまで」

と、南皮まで後退し、清河のほとりに陣を

第14课　小说翻译例文

欢集中兵力、各个击破——曹操确实有这个作战习惯。

"倘若曹操全军进攻荆州，那我可应付不了。还是不要卷进去，那样做太傻了！"刘表拒绝了袁谭的请求。

"就算是拒绝，有没有更体面的拒绝方式？"刘表问道。

到底是刘表，拒绝人的时候都要找体面一点的方式。从年轻时候起，他就是一个喜欢交友的名门子弟，深受众人称赞，凡事都要做得尽善尽美。在拒绝与袁谭结盟的时候，他也要装点一下门面。

"这不正是景升（刘表的字）最擅长的吗？"刘备说道。虽然这话听起来似乎有些讽刺的味道，然而刘表却笑道："是啊，确实如此。"要说应付一下场面，刘表是当之无愧的高手。

于是刘表回信道："忘先人之仇，弃亲戚之好，而为万世之戒，遗同盟之耻哉！若冀州有不弟之傲，仁君当降志辱身，以济事为务，事定之后，使天下平其曲直，不亦为高义邪？"

袁谭联手曹操攻打自己的弟弟，如此无情之人，当然不可能再与弟弟重归于好。这一点刘表心知肚明，却还是写了这样一封信，显然就是婉拒对方的提议了。

"也罢。"袁谭退至南皮，陈

築いた。河北省滄州市の西南に、現在も南皮という県がある。現在の山東省北部の平原に本拠を置いていた袁譚にしてみれば、大幅の後退といわねばならない。

平原を席巻した曹操が、南皮城をめざして殺到したのは、翌建安十年（二〇五）正月のことであった。

劉表に援軍をもとめてことわられたので、袁譚はもう覚悟をきめた。

「おれも天下の名門袁家の嫡男である。宦官の孫曹操に、もののふはどのように戦うか、その手本をみせてくれる！」

死を決した軍隊は手がつけられない。南皮の戦いでは、袁軍は獅子奮迅の働きをみせ、さすがの曹操軍もたじたじとなった。

「これは手強い。あまりにも犠牲が多すぎる。いったん軍を退こうか。……」

強気の曹操も、ついそんな気になったほどである。ところが、従弟の曹純が、

「ここまで千里の道を踏み破ってきたのですから、もう進むほかはありませんぞ。いったん退けば、軍の士気は低下して回復できなくなるおそれがあるかもしれません。手強いといっても、見たところ、自暴自棄の強さで、そんなに長続きしそうもありません。このまま、進みましょう！」

と、反対した。

「よし、やろう！」

曹操はみずから撥をとって、戦鼓を打ち鳴らした。曹軍の士卒は、それに励まされて、死力を尽して戦ったのである。

やはり曹純が言っていたように、やけくその強さはそう長く続くものではない。曹操

兵清河岸边。在河北省沧州市的西南方，现在还有一个叫做南皮县的地方。袁谭本来驻扎在山东省北部的平原，一路退到南皮，这也是相当大的撤退了。

到了第二年建安十年（公元205年）正月，席卷平原的曹操再度出兵，直指南皮。

因为刘表不肯出兵相助，袁谭知道大势已去。

"我是名门袁氏的嫡子，就让宦官之后曹操看看真正的战士是怎么打仗的！给你做个示范！"誓死战斗的军队确实难以对付。南皮一战，袁军奋勇争先，连曹军也难以招架。

"袁谭不好对付，我军损失惨重，暂且退兵如何……"连曹操也不禁有些畏缩，然而他的堂弟曹纯反对道："今千里蹈敌，进不能克，退必丧威；且悬师深入，难以持久。彼胜而骄，我败而惧，以惧敌骄，必可克也。"

曹操为曹纯一番话说服，亲自上阵击鼓，士卒深受鼓舞，抵死力战。

果然如曹纯所言，逞一时之强的袁谭人马没有坚持多久。在曹军不断猛攻之下，袁军终于身心疲惫，随即

第14课　小说翻译例文

軍が断乎として攻撃の手を緩めないとわかると、袁譚軍はやがて精神的に疲れ、そのうちに総崩れとなった。

総帥の袁譚みずから城から出て戦ったが、ついに斬られてしまった。

こうして翼州は、名実ともに曹操の手にはいったのである。

この南皮の戦いは、厳冬のひどい作戦であった。河が凍って、兵員や軍需品をはこぶ船が通れない。そこで、付近の住民を徴用して、氷を割らせたのである。その徴用をきらって、逃げ出した者もすくなくなかった。曹操はそれを怒って、「氷割りの作業を逃げた者は、帰順を申し出ても許すな」という命令を出した。

戦争がすんだあと、氷割りから逃げた住民で、自首して出た者がいた。

「これは困ったぞ。おまえを許せば、わしが自分で出した命令に、自分で背くことになる。かといって、おまえを罰すれば、神妙に自首してきた者を殺すという、ひどいことになってしまう。……家に帰って、じっとひそんでおれ。役人にみつかるでないぞ」

曹操はそう言って顎をしゃくった。その男は涙を流して立ち去った。

翼州には厚葬の風習と、仇討ちをよろこぶ気風があった。曹操は翼州のあるじとなると、まっさきに、厚葬と仇討ちを厳重に禁じたのである。

袁尚は次兄の袁熙のいる故安城に逃げ込んだが、袁熙の部将であった焦触や、張南が反旗をひるがえしたので、席のあたたまるいとまもなく、二人は再び脱出して、烏桓族のな

彻底崩溃。

主帅袁谭亲自出战，最终被曹军斩于沙场。

由此，整个冀州全都落进了曹操的手中。

这一场南皮之战，发生在严冬时节。大河封冻，船只不行，兵员与补给都无法由水路顺利运抵。曹操只得征用附近的居民破冰，但是许多百姓不愿被征用，纷纷逃走。曹操大怒，下令道："将这些逃走的百姓抓来斩首。"

南皮之战结束之后，当时逃走的百姓之中有一个人到曹操的营中自首，曹操手抬胡须说："若不杀汝等，则吾号令不行；若杀汝等，吾又不忍；汝等快往山中藏避，休被我军士擒获。"那个百姓于是垂泪而去。

冀州有厚葬与复仇的风俗，曹操得了冀州之后，立即严禁这两桩风俗。

袁尚虽然逃去了袁熙所在的故安，袁熙的部将焦触与张南却又举兵反叛。袁尚还没有来得及在故安歇息，就不得不随同袁熙逃出故安，向

かに逃げ込んだ。

3

烏桓は烏丸とも書く。

ソングース族である。匈奴に追われて烏桓山に逃げたので、そう呼ばれたのだ。

烏桓は当時、三つのグループに分かれていた。丘力居の率いる遼西の烏桓、難楼の率いる上谷の烏桓、そして遼東の属国の烏桓は蘇僕延が統率していた。ほかにも烏延の率いる右北平の烏桓などがいたが、最も人数の多かったのは上谷のそれであった。

だが、遼西烏桓のリーダーの丘力居が死に、その子の楼班が幼少なので甥の蹋頓が代わりに立った。この蹋頓は武略のある人物で、たちまち頭角をあらわして、三つのグループの盟主と仰がれるにいたった。

蹋頓の擡頭は、袁紹と結んだからである。当時、袁紹は幽州の公孫瓚と争っていた。蹋頓は袁紹に烏桓を助っ人として売り込んだのである。

こうして翼・幽の戦いに、烏桓は袁紹側につき、公孫瓚を破ることで大いに功績をあげた。その結果、蹋頓は烏桓族の主導権を握るようになった。

ともあれ、騎馬戦の巧みな烏桓族は、袁家陣営の重要な戦力となったのである。袁紹は勝手に彼らの首長に『単于』の位を授け、大いに懐柔につとめたのだった。

部将の焦触や張南の造反によって、袁熙、袁尚の兄弟が落ち行く先は、もはや烏桓族しかなかったのである。

烏桓が袁家兄弟を受けいれたということは、曹操を敵にまわしたということを意味す烏桓逃去。

三

乌桓也写作乌丸。

乌桓本是东胡部落联盟中的一支，后来被匈奴赶到了乌桓山，因此得名。

乌桓当时分为三个部落，丘力居统率辽西乌桓，难楼统率上谷乌桓，辽东的属国乌桓则由苏仆延统率。另外还有乌延率领的右北平乌桓等，人数最多的是上谷乌桓。

然而，辽西乌桓的首领丘力居死后，其子楼班年幼，由侄儿蹋顿代理其位。这个蹋顿长于谋略，不久便崭露头角，当上了三个部落的盟主。

蹋顿的势头上升，是因为他与袁绍结盟。当时袁绍与幽州公孙瓚相争，蹋顿向袁绍自荐，举乌桓而助袁绍。

由此一来，冀幽之战中，乌桓跟随袁绍，击破公孙瓚，立下大功。蹋顿也因此掌握了乌桓族的主导权。

他者姑且不论，乌桓族擅长骑马，是袁氏阵营中的重要战斗力。袁绍擅自封他们的首领为"单于"，对他们用了怀柔的政策。

由于手下焦触和张南造反，袁熙和袁尚的落脚之处，也只有乌桓了。

乌桓若是接受了袁氏兄弟，便意味着与曹操为敌。

る。

　袁家兄弟が頼ったのは、袁家と最も密接な関係にあった遼西の烏桓であった。袁紹は烏桓を懐柔するために、部下の娘を自分の娘ということにして、単于に妻として与えることまでしていた。

　遼西の烏桓にとっては、袁家兄弟は自分たちの親戚だったのである。

　このころの遼西の烏桓は、丘力居の息子の楼班がすでに成長していた。このグループは、首長代行の蹋頓によって強盛になったが、楼班が成人となったので、蹋頓は彼を単于に立て、自分はその下の王となった。

　だが、実権はまだ蹋頓が握っている。まだ青二才の楼班にすべてをまかせるわけにはいかないのである。

　だが、楼班は単于となったからには、自分が権力を行使したいと思っている。

　袁家二兄弟が頼ってきたとき、蹋頓は、「追い出しなされ、彼らをうけいれては危険ですぞ」と言った。

　「いや、それでは義が立たぬ。われら烏桓は、袁家と盟を結び、婚を結んだ。袁家の苦境に、背をむけては、人倫にもとることになる。仁義のうえからも、二人を追い出すことはできない」若い楼班はそう言い張った。

　（教育がまずかった。……）

　蹋頓は唇をかんだ。

　楼班の教育係に漢人が登用された。中原の動乱で、おびただしい数の漢人が、辺境の地に平和をもとめて流れ込んだ。烏桓族だけではなく、鮮卑族のあいだにも、おなじ漢人流入という現象がみられる。

　袁氏兄弟投奔的是关系最为密切的辽西乌桓。袁绍为了怀柔乌桓，曾经认部将的女儿为干女儿，将她嫁与单于为妻。因此，对辽西乌桓来说，袁氏兄弟也算是他们的亲戚。

　这个时候，辽西乌桓的旧主丘力居的儿子楼班已经长大成人。这个部落虽然是因为代政蹋顿的功绩繁盛起来的，但因为楼班已经成年，蹋顿便将单于之位让给了楼班，自己在楼班手下做了一个王。

　但是，实权依然掌握在蹋顿手中，他当然不会把所有权力都交给经验不足的楼班。

　然而楼班却以为，自己既然已经当上了单于，就应该行使自己应有的权力。

　袁氏兄弟来投的时候，蹋顿说："快赶走这两个人，收留他们很有危险。"

　"此乃不义之事，断不可为。我乌桓与袁家既有盟约，又有秦晋之好，袁氏遭难，岂可袖手旁观？这有悖人伦，就仁义而言，也断无赶走袁氏兄弟之理。"年轻气盛的楼班断然说道。

　"这小子是怎么教育的……"蹋顿咬住嘴唇。

　楼班的老师是汉人。由于中原动乱，有不少汉人为了寻求安定的生活而流落到边境地区。不单是乌桓，鲜卑族中也有汉人流入的现象。

遊牧騎馬の烏桓族は、しらずしらずのうちに、漢人化の傾向をみせている。文字のない烏桓族は、部族の子弟の教育を、一切、漢人にまかせていた。もともと烏桓は騎射、格闘の技を重んじて、文字による教育は軽くみていた。——そんなものは、漢人にまかせておけばよいと考えたのだ。

——文字が書ければ、なにかと便利であろう。ま、習わしておこうか。というほどの、軽い気持だったのである。

ところが、漢人の教師は、烏桓の子弟に読み書きだけではなく、仁義や人倫なども教えてしまったのである。

そもそも烏桓の首長は、部族大会の推戴によって立つもので、けっして世襲制ではなかった。それが、いつのまにか世襲になっている。これも烏桓族の社会に、漢人が増えたからであろう。

「袁家の二兄弟をうけいれたなら、曹操がかならず烏桓を討ちにくる」

と、蹋頓は言った。

「討ちにくるなら、来るがよい。迎え撃とうではないか」

と、楼班は胸を張った。

「曹操は中原では最強の軍団である。わが烏桓は破られるやもしれませんぞ」

「破られようとも、われらは戦わねばならぬ。これは義戦である」

「義戦、かならずしも勝つとは限らぬ。義よりも、部族の生存を優先するべきではありませぬかな？」

「いや、部族が生きのびたところで、烏桓は仁義に背き、盟友を売ったと言われては、

乌桓虽然是游牧民族，也渐渐出现了汉化的倾向。没有自己文字的乌桓，便把教育部族后代的事情交给了汉人。乌桓本来重视骑射格斗之技，轻视文字教育——他们认为处理文字之类的事情，交给汉人就行了。

"能写字的话多少也有些好处，好吧，那就学学吧。"他们对于汉人的教育，基本上都是这样的态度。

然而，汉人教师不单交给乌桓子弟读书写字，还教了他们仁义人伦。

乌桓的首领本来是由部族大会选举出来的人物，并非世袭，可是不知道什么时候就变成世袭制。这也是由于乌桓族中汉人日渐增多的缘故吧。

"若是接纳了袁氏兄弟，曹操必然出兵讨伐乌桓。"蹋顿说道。

"曹操若来讨伐，何惧之有！我军迎击便是。"楼班挺起胸膛说道。

"曹操乃中原霸主，我乌桓恐怕不是他的对手。"

"就算不是对手，也要迎击，此乃正义之战。"

"正义之战未必获胜。部族的存亡岂不应该比一个义字更加要紧？"

"非也。乌桓若是背信弃义，卖友求荣，子子孙孙都要活在羞耻之中

第14课　小说翻译例文

子々孫々、恥をかかねばならぬ」
「困りましたな。……」
蹋頓はそっと肩をすくめた。
若い楼班は、完全に漢人ふうの考え方になっている。もともと遊牧騎馬の集団生活をしてきた烏桓は、本能的に『利』に従って行動したのである。有利か不利か、それがすべての行動の基準であった。
『利』とは、部族が生きること、より良く生きることなのだ。朔北のきびしい大自然のなかでは、それはとうぜんの掟であった。
それなのに、若い首長は、利よりも義に従って行動しようとする。
「困りましたな。……」と、蹋頓はくり返した。――「危ういことですぞ」
「ときには、危ういことでも、敢然とやらねばならない。蹋頓も、かつてはそれをやったではないか。なぜわしがやってはならんのだ？」
と、楼班は言った。
楼班は、かつて蹋頓が袁紹に加勢して公孫瓚を撃ったことを、言っているらしいのだ。
だが、あれは危ういことではなかった。
蹋頓はあのとき、集められるだけの情報を集め、
――袁紹側が確実に有利。
と判断して、公孫瓚を撃ったのである。
こんどの場合、袁家二兄弟に義理立てすることは、確実に不利としか思えない。
「われわれは、烏桓の子供たちのことも考えてやらねばなりませんぞ」
と、蹋頓は言った。
「そうだ。烏桓の子供たちが、世の笑いもの了。"

"唉！怎么说你才明白……"蹋顿叹气道。

年轻气盛的楼班已经完全按照汉人的方式考虑问题了。乌桓本来是游牧民族，向来都以近乎本能的"趋利避害"原则行事。是否有利，本是他们行动的唯一标准。

所谓"利"，就是让部族生存下去，而且生存得更好。在朔北这样恶劣的自然环境中，这是理所当然的法则。

然而，年轻的首领还是要舍利而取义。

"怎么说你才明白……"蹋顿接着道："危险啊。"

"有些事情纵然危险也要去做。你不是也做过危险的事吗？为何我就不行？"楼班说道。他指的大概是当年蹋顿帮助袁绍攻打公孙瓒的事。

然而，那件事情并无危险可言。当时，蹋顿搜集了各方情报，判断出相助袁绍有利可图。于是才追随袁绍攻打了公孙瓒。

然而，这一次从情分上帮助袁氏兄弟，确实对乌桓有害无利。

"我们也要为乌桓的子孙后代着想啊。"蹋顿说。

のにならないように、いまこそわれわれは仁義に従うべきである!」

甲高い声で、楼班は言った。

「そのとおり!」

「仁義に従え!」「一時の利に迷うて、後世のそしりを招いてはならぬぞ」

「われら、単于に従って戟をとって戦おう」

「曹操、なにするものぞ!」

遼西烏桓の部族大会は、そんな若い声につつまれた。

蹋頓は悲しげに首を振った。

烏桓の若者たちは、漢人の倫理にどっぷりとつかってしまったようである。その倫理は漢人の社会でも、ただのたてまえであって、けっして厳重に守られているわけではない。漢人社会の実状を知らない烏桓の若者は、それだけ純粋にその倫理に傾倒し、それに身を捧げようとしている。

蹋頓にはもはやそれを抑える力はなかった。

"是啊。为了让乌桓的后代不被世人耻笑,如今我们更应该舍生取义!"楼班大声说道。

"的确如此!"

"舍生取义!"

"不能为一时之利所惑而招致后世的非难!"

"我等追随单于迎击曹操!"

"曹操算个什么东西!"

辽西乌桓的部族大会之上,年轻的声音此起彼伏。蹋顿伤感地摇着头。

乌桓的年轻人似乎完全被汉人的伦理同化了。然而,这种伦理即使在汉人的社会之中,也只是个大义名分而已,并没有得到严格的遵守。不知道汉人社会实情的乌桓年轻人,竟然被这种纯粹的理想主义所吸引,不惜为之献身。

蹋顿已经无力回天了。

第15课
随笔翻译例文

随笔是文学体裁之一，是散文的一种，实际上就是杂说，随手笔录，不拘一格；思想性、知识性和社会性是随笔的本质特征。随笔有多种，包括文化随笔、经济随笔、读书随笔、闲适随笔，等等。本文选自陈舜臣的《万邦宾客》第三部《边境历史纪行》，是陈先生的历史文化随笔。《边境历史纪行》是白水社策划的8册系列图书，本文是陈舜臣为其中的一册——大谷探险队队员堀贤雄的《西域旅行日记》撰写的解说。

日文
まとめを待つ探検

三次にわたる大谷探検隊の全貌は、まだ総括されていない。収集文物の図録である『西域考古図譜』（一九一五・国華社）と、隊員の日記を集めた『新西域記』（一九三七・有光社）が公刊されているが、いずれもなまの資料であり、総括されるのを待つ素材である。前記両書とも限定版の超豪華本であった。『新西域記』は上下二巻で十三キロもある。近年、復刻版が出され、私も柏林社版の『西域考古図譜』を手に入れたが、座右に置いて参考にするには、あまりにもかさばる。ともあれ、素材だけがいささか近づき難いかんじで、隅に積みあげられているのだ。

せっかく大探検を旅行したのだから、そのまま放置するのはじつに惜しいことである。NHK特別番組「シルクロード」打上げの席で、井上靖氏から「大谷探検滋の業績を、なんと

参考译文①
有待整理的探险

大谷探险队前后三次探险的全貌尚未进行综合整理。目前，虽然公开出版了收集文物的图鉴《西域考古图谱》（1915·国华社）和队员日记结集《新西域记》（1937·有光社），但这些都是原始资料，有待整理。这两册书都是限量发行的豪华精装本。《新西域记》上下两卷足有13公斤。近几年出版了复刻版，我也得到了柏林社版的《西域考古图谱》，放在手边参考，相当占地方。总之，将其当做写作素材，让人感觉难以接近，只好束之高阁了。

把这批难得的大型探险旅行资料就那样置之不理实在可惜。记得在NHK特别节目《丝绸之路》的庆功宴上，井上靖先生问我："要想办法把

---

① 中文由编者和高美美译出。

かしてまとめなければいけませんね。それについて中国側に障礙があるとおもいますか？」と訊かれたことをおぼえている。七十年以上も前に終了した探検の整理に、中国側がクレームを出すはずはないだろう。私はそうおもったので、「問題はないとおもいます」とお答えした。

なぜ大谷探検隊の業績がまとめられなかったのか、いろんな理由があるだろうが、その最大のものは、主宰者である大谷光瑞が第三次探検が終わった年に、浄土真宗本願寺派の第二十二世宗主の職を去り、弟の尊由が継職したことであろう。なぜ大谷光瑞が門主の地位を去らねばならなかったかといえば、探検隊派遣もそのなかに含まれる大浪費のせいであった。

もっとも「大浪費」とみるのは、主観的な評価であり、私などは西本願寺が最もかがやいたのは、光瑞による西域探検隊派遣であると思っている。大伽藍を建立するよりも、はるかに意義のあることのようにおもえる。だが、それによって負債が生じ、疑獄事件などもからんでくるとなっては、教団としてもすててはおけなくなったのだ。現地調査が終わって、その総括をはじめようというときに主宰者大谷光瑞が三十八歳の若さで隠居させられたのである。探検隊の業績が、素材のままうちすてられたのは、とうぜんであったかもしれない。教団の新執行部は、いうまでもなく緊縮態勢で臨んだであろう。探検隊派遣が隠居の一原因とあっては、そのまとめの予算も要求しにくいはずだ。

大谷探検隊は第一次（一九〇二——一九〇

大谷探险队的业绩整理一下，您觉得中国方面会有障碍吗？"中国应该不会对70多年前结束的探险有所不满，所以我回答："我觉得没有问题。"

为什么大谷探险队的业绩最后没有总结出来呢？也许有各种原因，但最大的原因或许是领队大谷光瑞在第三次探险结束的那一年辞掉了净土真宗本愿寺派第22代住持的职位，由其弟尊由继承。大谷光瑞之所以必须辞去住持的位置，是因为他的铺张浪费，当然派遣探险队也包含其中。

虽说如此，"铺张浪费"只是一种主观评价，我倒是认为西本愿寺最辉煌的成就就是大谷光瑞派遣的西域探险队，它比建造那些规模宏大的寺院更有意义。不过，如果因派遣探险队而负债累累，又牵扯到贪污案件，大谷所在的教派就不能置之不理了。实地考察结束，准备开始整理汇总时，项目负责人大谷光瑞便被迫退隐，年仅38岁，探险队的成果自然也就弃之不管了。不用说，大谷所在教派的新管理层一定采取了财务缩减的措施。如果派遣探险队是大谷光瑞退隐的原因之一，那么他一定很难获得整理资料的资金预算。

大谷探险队进行了前后长达13

第15课　随笔翻译例文

四）、第二次（一九〇八——一九〇九）、第三次（一九一〇——一九一四）と、足かけ十三年にわたっておこなわれた。大谷光瑞自身が参加したのは、第一次の一部だけであった。彼は仏跡巡礼と留学のため、二十三歳で日本をはなれ、外遊四年に及んでいた。外遊中の大半はロンドン暮らしであったという。西域探検を思い立ったのもロンドンにおいてであった。

一九〇二年八月十六日、大谷光瑞は渡辺哲信、堀賢雄、本多恵隆、井上弘円の四人とともにロンドンを出発した。ロシア経由でカスピ海沿岸のバクーからサマルカンド、コーカンドを経てオシュにいたり、テレク峠をこえてカシュガルにはいり、ヤルカンドを経てパミールにはいり、タシュクルガンにいたった。タシュクルガンで一行は二グループに分れたのである。

大谷光瑞、本多恵隆、井上弘円の三人は、タシュクルガンから南下し、ミンタカ峠をこえ、フンザ、ギルギットのいわゆるフンザ街道をとってインドに出た。渡辺哲信と堀賢雄の二人は再びヤルカンドに戻り、そこから東南にむかいカルガリクを経てホータンに到った。二人がホータンに着いたのは一九〇二年十一月二十二日のことである。彼らはそこで越年し、翌一九〇三年一月二日、アクスにむけて、ホータンをあとにした。本書『西域旅行日記』は大谷光瑞たちと別れたグループの一人、堀賢雄の日記を、ホータン出発の前日、すなわち一九〇三年元旦から、ウルムチ

年的探险，第一次在1902—1904年，第二次在1908—1909年，第三次在1910—1914年。大谷光瑞亲自参加的是第一次探险，而且仅是其中的一部分行程。他为了考察佛教遗迹和留学，23岁时便离开日本，外游4年。据说他外游的大部分时间都生活在伦敦，去西域探险的想法也是在伦敦时产生的。

1902年8月16日，大谷光瑞与渡边哲信、堀贤雄、本多惠隆和井上弘圆四人从伦敦出发，经俄罗斯从里海沿岸的巴库到达撒马尔罕，经浩罕到达奥什，越过捷列克山进入喀什，又经由莎车进入帕米尔高原，最后到达塔什库尔干。在塔什库尔干一行人分为两组，单独行动。

大谷光瑞和本多惠隆、井上弘圆三人从塔什库尔干南下，越过明铁盖达坂，沿着罕萨①、吉尔吉特，即所谓的罕萨河谷来到印度。渡边哲信和堀贤雄二人再次返回莎车，从那里向东南出发，经过哈尔哈里克到达和田，到达和田的时间是1902年11月22日。他们在那里过年，第二年1月2日离开和田，前往阿克苏。本书《西域旅行日记》是与大谷光瑞分开行动的小组中的一人——堀贤雄的日记，记载始于从和田出发的前一天即1903年元旦，止于9月17日到达乌鲁木齐。

---

① 古代被称为坎巨提，是清朝的朝贡国。

到着の九月十七日まで収録したものである。

　堀賢雄の日記——『西域旅行日記』——は、一九〇二年九月五日から一九〇四年七月四日まで書かれている。もっとも一九〇二年十一月二十三日（ホータン到着の翌日）から同十二月三十一日まで中断されている。

　探検隊員の日記が、『新西域記』に収録されていることは前に述べたが、どうしたわけか、堀賢雄の日記ははいっていないのである。同行の渡辺哲信の日記は『新西域記』にも収録されているが、東京朝日新聞に「中央アジア探検談」として連載された。二人は終始行動をともにしたから、一方を採れば、一方は割愛できるとおもわれたのであろうか。だが、量からいえば、堀賢雄の日記のほうが多いようである。

　本書には測量のことがよく出てくるが、堀賢雄はオクスフォード大学で地理を学んでいた。測量は彼の得意とするところであったのだ。日記の原文は、当時のことだから、文語体で書かれ、四年もヨーロッパに遊んだせいか、横文字が多用されている。だが、明治の人らしく、漢詩の素養があり、一月二日雪中に和闐を発つ、と題する七言絶句が、一月六日の項に紹介され、「本年中に詩三百首を作りたい、できれば帰国までにさらに三百首作りたい」と、ひそかに願ったことが記されている。漢文読解力にすぐれていたのはいうまでもない。

　彼の行李のなかには、玄奘三蔵の『大唐西域記』をはじめ『西域水道記』、『西域見聞録』などの漢籍がおさめられていた。ときどきそれからの引用がある。仏教者として、

堀贤雄的日记《西域旅行日记》从1902年9月5日记录到1904年7月4日。不过，从1902年11月23日（抵达和田的次日）到12月31日这段时间的记录中断。

　如前所述，其他探险队员的日记收录在了《新西域记》里，不知为何堀贤雄的日记没有收录。与其同行的渡边哲信的日记也收录在《新西域记》中，后来又以《中亚探险谈》为题在《东京朝日新闻》上连载。或许是因为两人始终一起行动，编者有可能认为收录了一部，另一部就可以割爱了。然而，从数量上来说，堀贤雄的日记更多一些。

　《西域旅行日记》中会经常出现测绘的事情，因为堀贤雄在牛津大学学习过地理学，测绘是他擅长的领域。因为是几十年前的记录，日记原文是用古典日语书写的，可能是因为他在欧洲周游了4年的缘故，日记多为横写而不是竖写。但是，他像其他明治时代的人一样有汉诗的素养，1月6日的日记中有一首题为《一月二日雪中出和阗》的七言绝句，记录了堀贤雄的一个小小心愿："今年之内想作300首诗，回国之前还想再作300首。"自不必说，他的汉文理解能力非常出色。

　他的行李中装有唐玄奘的《大唐西域记》《西域水道记》和《西域见闻录》等汉语典籍，时不时会从中

第15课　随笔翻译例文

やはり『大唐西域記』が、彼にとって最も重要なしるべであったはずだ。オーレル・スタインも英訳本の『大唐西域記』を、探検旅行中、たえず座右に置き、玄奘のことを「私の守護聖人」と呼んでいた。

まして大谷探検隊の目的が、大谷光瑞のいうように、「仏教東漸の経路を明らかにし、昔、シナの求法僧がインドにおもむいた遺跡をたずね、また中央アジアがつとにイスラム教徒の手に落ちたために、仏教のこうむった圧迫の状況を考察するような、仏教史上における諸々の疑問を解こうとするものであった」というのだから、『大唐西域記』はまさにバイブルであったにちがいない。

大谷光瑞は第二の目的を、「中央アジアに遺存する経論、および考古学上の研究に資料を提供し、もしできうれば地理学、地質学、および気象学上の種々の疑問も、あわせて氷解させたいと考えた」と述べている。地理学を専攻した堀賢雄には、うってつけの仕事であろう。堀自身は「オクスフォードの学生となったり、ヨーロッパを放浪したり」と、あまり学問に身をいれなかったようなことを書いているが、それは一種の謙遜であろう。本書をみても、測量に精を出しているし、ほかに当時としては高度の技術を要した写真撮影や現像・焼付の腕も相当なものであったらしい。これは探検の仕事の上でも、おそらく大きな威力を発揮したとおもわれる。

辺境の役人たちは、自分の裁量で許可できるようなこと、あるいは提供できるようなサービスでも、ことわってしまうことが多い。面倒がおこるのは、なにかをするからで

引用资料。作为佛教徒，《大唐西域记》应该是他最重要的向导吧。奥莱尔·斯坦因也在探险旅行中把英译本《大唐西域记》放在手边，并将玄奘称为"我的守护圣人"。

正如大谷光瑞所说，大谷探险队的目的是为了"探明佛教东传的路径，探寻从前中国求法僧人进入印度的足迹，考察中亚信奉伊斯兰教之后佛教受压制的状况，以期解开佛教历史上的种种疑问。"因此《大唐西域记》无疑是他们的《圣经》。

大谷光瑞讲道，他的第二个目的是"为中亚遗留的经论以及考古学研究提供资料，若有可能希望一并解决地理学、地质学以及气象学上的种种疑问"。这对于专攻地理学的堀贤雄来说是再合适不过的工作了。堀贤雄说自己"一边是牛津大学的学生，一边又在欧洲流浪"，似乎没有认真钻研学问。其实，那不过是一种谦虚罢了。读《西域旅行日记》便可发现，他不仅在测量方面投入了相当大的精力，还具备在当时来看有相当技术含量的拍照、冲洗和显像技术。这应该在探险工作中发挥了相当大的作用。

就算自己有权决定的事情，或者有能力提供的服务，边境的官员也通常会拒绝，因为做了就会有麻烦，什么都不做最为稳妥，多一事不如少一

あり、なにもしなければ平穏である。そんな事なかれ主義からなのだ。ところが、写真を撮ってくれるのであれば、その代償として、特別に配慮してやってもよいという気持になる。堀賢雄も各地で、地方の主だった人たちを撮影して、そのために、土地の有力者との関係が友好的となり、探検の仕事を進める上で、大きなプラスとなっている。現在でも、辺境へ行けば、ポラロイド写真が威力を発揮するが、八十数年前の、写真の黎明期にあっては、ほとんど決定的な切り札であったにちがいない。じゅうぶん用意したはずの印画紙が、ウルムチへ行き着くまでに、なくなったということが、日記にしるされている。

　第一次探検はロンドンからはじまるが、はじめは汽車の旅〈カスピ海は船〉で、アンディジャンに到るまで、ブハラもサマルカンドも通過しただけにすぎない。ロシア領のアンディジャンからテレク峠をこえて、中国領カシュガルへの十四日の騎馬行が、実質的な探検の開幕といえる。カシュガルに着いたのは九月二十一日のことだった。大谷光瑞自身も中国新疆の踏査に一部参加するつもりだったが、インドへ出るフンザ街道が、冬季に閉鎖されるので、時間的な余裕がなかったのである。そのままヤルカンドからパミールにはいり、インドへ行くことになった。新疆を半年あまりまわれば、道路は再開されるが、大谷光瑞はそれを待てなかった。父親の光尊の健康が心配だったからであろう。五人が二グループに分れたのは、このようないきさつがあったからである。

　残留調査組の堀賢雄と渡辺哲信は、とりあ

事。不过，如果有人给他们拍照片，他们就会以礼相还，可以给对方一些特别关照。堀贤雄在各地给当地的主要人物都拍摄过照片，为此他与当地实力人物关系友好，这对他们顺利进行探险工作大有裨益。即便现在去边境地区，宝丽来照片也会发挥威力，在八十多年前照相尚未普及的时候，那无疑是一张有决定性作用的王牌。他在日记中也记载道，原本准备十分充足的相纸到达乌鲁木齐之前就用完了。

　　第一次探险从伦敦开始，起初乘火车旅行（里海乘船），到安集延为止。布哈拉和撒马尔罕只是经过而已。从俄罗斯领地安集延越过捷列克山到中国领地喀什的14天骑马前行，可以说是探险的真正开始。9月21日一行人到达喀什。大谷光瑞也打算亲自参加中国新疆的部分考察，但因冬天前往印度的罕萨河谷道路会被封锁，时间不够充裕，因此他直接从莎车进入帕米尔高原前往印度。在新疆考察半年左右道路就会重开，但大谷光瑞没有选择在此等待，大概是担心父亲大谷光尊的健康吧。五人之所以分成两个小组，就是因为这个缘故。

　　留下来的考察人员堀贤雄和渡边

えず大谷光瑞、本多、井上の三人をタシュクルガンまで送ることにした。ヤルカンドからタシュクルガンまで八日の騎馬行であった。そこから別のコースをひき返し、十日を要している。つごう十八日を要する難路の騎馬行は、見送りには大仰すぎる気がしないでもない。

だが、残留の堀、渡辺の両人にとっては、見送りと同時に踏査の旅でもあった。彼らは新疆を探検してウルムチに達したあと、哈密経由で甘粛から西安府にいたり、漢水をくだって、漢口、上海に出る予定だから、いまのうちにパミールの地を踏んでおかないと、あとにその機会はないのである。

タシュクルガンは『大唐西域記』に掲盤陀として登場する国で、玄奘はここに二十日も滞在した。求法僧の遺跡をたずねるのが主目的の一つとすれば、タシュクルガンはオミットしてはならない土地であった。

私がタシュクルガンを訪れたのは、一九七九年十月のことで、カシュガルからジープで十時間かかった。ジープの旅で知ったことは、車の一時間が、騎馬行のほぼ一日に相当することであった。道路の難易によって差はあるが、昔の騎馬キャラバンの一日行程は、だいたい三十キロで、山道を行くジープの時速がそれとおなじとみてよい。

キャラバンの宿泊施設であるユルトグンバスも、水の便の良い場所をえらぶが、約三十

第15课　随笔翻译例文

哲信决定先把大谷光瑞、本多、井上三人送到塔什库尔干。从莎车到塔什库尔干骑马需要8天。从塔什库尔干走其他路线返回莎车需要10天时间。往返需要18天才能走完的艰辛骑行路程，对于送行来说总觉得过于夸张了。

不过，对于留下来的堀贤雄和渡边哲信两人来说，送行的同时也是调查之旅。他们计划在新疆完成探险后到达乌鲁木齐，经过哈密从甘肃到西安府[①]，然后沿着汉江到达汉口、上海，所以不趁现在踏上帕米尔土地的话，之后就没有机会了。

塔什库尔干即《大唐西域记》中记载的叫揭盘陀的国家，玄奘在这里停留了20天之久。如果探寻求法僧人的遗迹是探险的一个主要目的的话，塔什库尔干无论如何都是不能忽略的地方。

1979年10月我访问过塔什库尔干，从喀什乘坐吉普车花了10个小时。当时得知，吉普车行驶一个小时大概相当于骑马走一天的路程。根据道路好坏不同，汽车的行驶速度也有差异，过去马队一日行程大约是30公里，吉普车走山路时时速也差不多如此。

骆驼商队住宿用的亚尔提・古木

---

① 今陕西一带。
② "亚尔提"是游牧民族的圆形毛毡帐篷，"古木巴孜"是居住地之意。塔什库尔干河畔的"亚尔提・古木巴孜"并不是毛毡做的，而是用在当地随处可见的晒干的土炼瓦建成的。

キロ間隔につくられている。いまでは、パミール往還は車が主流となり、ユルトグンバスも用いられず、ほとんど崩れたか撤去されてしまった。タシュクルガンの近くに、一つだけ参考資料用に保存されているにすぎない。だが、第一次大谷探検隊当時は、もちろん騎馬行（アメリカでフォード・モーター社が設立されるのはこの翌年）であった。一行はヤルカンドからはいったので片道八日ですんだが、カシュガルからであれば、十日はかかったであろう。

　私がタシュクルガンで見学した、「保存されたユルトグンバス」は、建てられて百年もたっていないという。第一次大谷探検隊の五人が、従者とともにここに来たとき、おそらく真新しいそのユルトグンバスを利用したとおもわれる。土煉瓦のその建物は、詰めこめば三十人は横になれそうなスペースがあった。

　堀、渡辺の二人は、大谷光瑞一行を見送ったあと、ヤルカンドに戻った。そして、ヤルカンドからカルガリク、グマを経てホータンに到ったのである。この道を、私は一九七七年に、カシュガルからジープで一日で走った。五百二十キロの行程で、早朝六時二十分に出発、午後十時三十分、ホータン着と、そのときのメモにしるされている。たいへんな旅であったが、心のなかで、「玄奘三蔵に申訳ない。あのころはもっと辛かったのだから」とおもっていた。カシュガルからカルガリクまで五百余里、ヤルカンドからホータンまで八百余里とされている。唐律の行程令は七十里と定められていたから、約二十日か

巴孜②也会选在取水方便的地方，每两处之间大约间隔30公里。现在往返帕米尔以汽车为主，亚尔提·古木巴孜几乎不再使用了，或者几乎倒塌，或者被拆除，只在塔什库尔干附近保留了一处，用作参考资料。当时，第一次大谷探险队是骑马旅行（美国成立福特汽车公司是第二年）。一行人从莎车而来，单程需要8天，但如果从喀什过来则需要10天。

　我在塔什库尔干参观的"被保存下来的亚尔提·古木巴孜"，据说建造还不到100年。第一次大谷探险队的5人和随从人员来到这里时，或许当时住的还是全新的亚尔提·古木巴孜。这座砖土建筑，挤一挤的话大概能容纳30个人睡觉。

　堀贤雄和渡边哲信二人送走大谷光瑞一行人后返回莎车，然后从莎车经哈尔哈里克、固玛到达和田。1977年我花了一天时间从喀什乘坐吉普车走完了这条路。根据我当时的记录，全程520公里，早晨6点20分出发，夜晚10点30分到达。旅途虽然十分辛苦，但当时心想："真是对不起玄奘，因为那时候更辛苦。"从喀什到哈尔哈里克有500余里，从库车到和田有800余里。唐律规定每日行程需走70里，所以应该需要约20天时间。

かったはずなのだ。

　だが、大谷探検隊も騎馬行だから、玄奘の時代とあまり変わらない。旅がらくになったのは、せいぜいこの数十年のことである。大谷探検隊の旅が二十世紀であることから、私たちの時代に近いという錯覚があるが、じつは彼らは玄奘の時代とほぼおなじ条件の下にあったといえる。大谷探検隊のことは、この事実をおさえて考える必要がある。

　以上は本書が省略した前段であり、ホータン出発前日から日記が収録されている。堀賢雄が歩いたところは、七十数年後に、私がもっとらくな方法で動いた土地であり、それだけに感慨が深い。そのいくつかを記してみよう。

　まず堀一行が苦心してやっとみつけたカヌイまたはハヌイ（スタインの報告にあるストゥーパのある場所）は、罕諾依である。堀日記はスタインの記述に譲って、詳述していないが、仏教、イスラム教交替期の重要な遺跡である。トルコ系のカラハン王国の都で、サトゥク・カラハンが九六〇年に仏教からイスラム教に改宗したという。カラハン王国の歴史は、それをほろぼしたカラ・キタイ（西遼）の歴史とともに、不明な点が多い。イスラム教徒の手に落ちたために、仏教のこうむった圧迫の状況を考察するのが、探検の一つの目的であるというから、罕諾依古城跡はじつに重要な場所であるはずだ。

　カラハンの歴史は二十世紀初頭にはもっと不明であっただろうから、堀日記がスタイン

大谷探险队也是骑马赶路，所以几乎跟玄奘时代没有什么不同。旅途变得轻松至多也就是近几十年的事情。大谷探险队的旅行是在20世纪，会给人一种错觉，让人觉得与我们所处的时代很接近。而实际上，可以说他们所处时代与玄奘时代的条件大体相同。所以，研究大谷探险队，有必要以这一事实为前提。

　上述内容是《西域旅行日记》中省略的前一段考察内容，日记收录了从和田出发前一天开始的部分。70多年后，我用更轻松的方式走了一遍堀贤雄走过的地方，感慨颇深。下面略述几笔。

　首先，堀贤雄一行人煞费苦心找到的Khanuy（斯坦因的报告中有卒塔婆①的场所）就是罕诺依。堀贤雄的日记没有详述，说斯坦因有所记载。那里是佛教和伊斯兰教交替时期的重要遗迹。据说960年萨图克·布格拉汗在土耳其喀喇汗国的首都从佛教改信伊斯兰教。喀喇汗国和将其消灭的黑契丹（西辽）的历史有很多未搞清楚的地方。因为考察佛教陷入伊斯兰教徒手中而受压制的情况也是探险的目的之一，所以罕诺依古城遗迹也应该是他们要考察的重要地方。

　20世纪初，关于喀喇汗国的历史更加不详，堀贤雄在日记里说斯坦因

---

① 即佛塔。

の記述に譲ったのはいたし方がない。じっさいにこの遺跡に立ってみると、ほとんどなにもないのである。ストゥーパと呼ぶには気恥ずかしいほどの、崩れ残った建造物が一つあるだけなのだ。よくよく見れば、いくつかの盛りあがった場所があるが、荒涼という形容がふさわしい。カシュガルから一二十キロしかはなれていない（十世紀のカシュガルとはここであった）が、車でひどく時間がかかった。悪路だったのである。

　本書で最も興味深いのは、ドイツ探検隊のグリュンヴェーデル一行に会う部分であろう。堀一行のほうが先に来ていて、測量や発掘をおこなっていた。ドイツ隊にル・コックが参加するのは、この翌年からであるが、キジル石窟といえば、誰もがグリュンヴェーデルやル・コックを連想する。じつは堀賢雄たちのほうが、ひと足はやかったのである。しかも、なんたることか、堀がここで実測した地図は、その後、紛失してしまう。

　ドイツ隊はドイツ国の全面的な支持をうけていたし、スタインはインド政庁の援助をうけていた。ロシアのプルジェヴァルスキー、ロボロフスキー、コズロフたちは、地理学協会と参謀本部の援助によって探検した。スウェーデンという小国の国民であったヘディンでさえ、ドイツの航空会社ルフト・ハンザの後援を得ている（このことで、ヘディンは親ドイツ、親ナチスとみなされ、晩年は不遇であった）。探検家は純粋な学術研究をめざし、冒険精神に駆られたかもしれないが、その背後には国家的権力の影があった。

　それにくらべると、大谷探検隊は光瑞のポ

有所记录也着实出于无奈。其实，站在这片废墟上，基本上看不见什么遗迹，只留下一处断壁残垣，甚至很难叫舍利塔遗迹了。仔细看的话，还有几处能看出昔日辉煌的地方，如今用荒凉一词来形容再恰当不过。这里距离喀什只有一二十公里远（10世纪的喀什就在这里），但路况太差，驱车前往也要花很长时间。

　《西域旅行日记》中最有趣的是与德国探险队的阿尔伯特·格伦威德尔一行人相遇的部分。堀贤雄等人测量和挖掘克孜尔石窟在先，一年后勒柯克才加入德国探险队。但一提到克孜尔石窟，谁都会想到格伦威德尔和勒柯克。事实上，堀贤雄等人比他们早一步。并且不知为何，也走过这里。而且不知什么原因，堀贤雄在这里测绘的地图后来竟然丢失了。

　德国探险队得到了德国政府的全面支持，斯坦因得到了印度政府的帮助。俄罗斯的普尔热瓦尔斯基、罗伯罗夫斯基和科兹洛夫等人在地理学协会和参谋总部的帮助下从事探险工作。就连瑞典这个小国的国民斯文·赫定也得到了德国航空公司——汉莎航空的援助（因此赫定被认为是亲德、亲纳粹派，晚年很不幸）。探险家们也许受冒险精神所驱使，致力于纯粹的学术研究，但他们背后却有国家权力的影子。

　与之相比，大谷探险队依靠的是

ケットマネーでまかなわれ、おもな目的は仏跡調査と経論、仏像、仏具などの収集であった。たとえば、ル・コックが壁画をはがしたり、仏像を持ち去るのは、それを「古美術」とみてのことであるが、大谷の場合は信仰の対象とみるのを原則としている。

ああどれくらいの時間がこの千仏洞をこのような寂寥なところに変えてしまったのだろうか。砂層幾百尺の下に隠れなさった仏陀は今われわれ二人がこの洞を拝して昔を思っているのをどう感じていらっしゃるのか。

右のような仏教者の感慨は、ほかの国の探検隊員が抱くことがなかったものである。大谷探検隊の最大の特色がここにあるといってよいだろう。

キジル、カルガ、ミンウイ見学は、貧弱なもので、わざわざ来るには及ばないと思ったと述べているが、最近の研究者のなかには、三国期あるいは後漢末期のものがあると論じる人もいる。渡辺哲信は四十四ケ所とかぞえているが、じつは四十六窟で、崩壊状態のものが八窟、壁画をもつものは十一窟であった。

『大唐西域記』にいう照怙釐伽藍は、現在スバシ古城と呼ばれている遺跡で、堀賢雄たちは、一九〇三年七月五日にそこに達している。「一つの河をへだてて二つの伽藍」があるという玄奘の記述に相当するのは、スバシ以外にない。堀一行が訪れた七十六年後に、私はおなじ場所に立った。

大伽藍趾の北端の仏堂に壁画があるのがみつかった。これを撮影して六時ごろ帰舎する。

第15课 随笔翻译例文

大谷光瑞的个人积蓄，主要目的是调查佛迹，搜集经论、佛像和佛具等。比如，勒柯克揭下壁画或拿走佛像，他把这些东西视为"古代美术"，但大谷光瑞的原则是把它们看作信仰对象。

哎！究竟过了多久，这座千佛洞才变成了如此寂寥的地方？如今我们二人在这洞穴里跪拜思古，隐藏在几百尺厚的砂土之下的佛陀会做何感想呢？

像这样礼佛之人的感慨是其他国家探险队的队员所没有的。这可以说是大谷探险队的最大特色。

据堀贤雄记载，他们在克孜尔石窟、喀尔噶和明屋依收获甚微，甚至觉得没必要特地来此参观。不过，最近有研究人员认为那里有三国后期或者东汉末期的遗迹。渡边哲信清点出44窟，其实有46窟，其中8窟处于坍塌状态，11窟中有壁画。

《大唐西域记》中的照怙厘伽蓝就是现在的苏巴什佛寺遗址，堀贤雄等人于1903年7月5日来到这里。与玄奘的记录"隔一河水，有二伽蓝"吻合的只有苏巴什佛寺。在堀贤雄一行人访问的76年之后，我站在了同一个地方。

我在大伽蓝遗址北面的佛堂里发现了壁画，拍摄完后6点左右回住处。

とあるが、私が行ったとき、土地の人がそこに壁画があると教えてくれたが、しばらく目を皿のようにしてみつめないと、絵がかかれているとはわからない。七十六年のあいだに、さらにいたみがひどくなったのであろう。囲いをつくって保存のために補修中であったので、壁画があるとわかるていどであった。

ああ、われわれは何故、スタインがホータン地方において、グリュンヴェーデルがトルファン地方において享けた幸運を得ることができなかったのだろうか。

と、堀賢雄はなげく。だが、大谷探検隊がスタインやグリュンヴェーデルよりもすぐれたところがあったのは前述したとおりである。かならずしもなげくことはない。本書はウルムチ到着をもって終わっているが、堀賢雄たちの旅はさらに哈密を経て甘粛、西安へとつづくが、もはや「西域」の旅ではない。彼らが西安府に着いたのは一九〇四年二月二十九日のことであった。日本がロシアに宣戦布告したのは、その十九日前の二月十日だったのである。第一次大谷探検隊は、義和団事件の辛丑和約の翌年からはじまり、日露戦争開始のころに終わった。この歴史的背景も、堀日記を読むときに、念頭に置くべきであろう。

日記のなかに、ボード大尉という人物のことが出ている。彼はカシュガルから騎馬で新疆、甘粛、四川に出ようとしたという。街道で「例のように」怒りつつ旅行し、ある時は北京の総理衙門（外務省相当の官庁）へ打電して道台（地方長官）の不親切を訴えたり、

有一次我去考察的时候，当地人告诉我说那里有壁画，不睁大眼睛仔细看，确实看不到上面还有画。76年间，壁画的损毁越发严重。当时正在维修，为了保存而修建了围栏，所以才知道有壁画。

堀贤雄惋惜道："哎！为什么斯坦因、格伦威德尔在和田和吐鲁番地区能够交上好运，而我们却没有呢？"

但是，正如前文所述，大谷探险队有比格伦威德尔和斯坦因更为优秀的方面，因此不必叹气。《西域旅行日记》以到达乌鲁木齐结尾，但是堀贤雄等人的旅程还在继续。他们经哈密到了西安、甘肃等地。当然，那里已经不再是"西域之旅"了。1904年2月29日，他们到达西安府。日本向俄罗斯宣战是在19天前的2月10日。大谷探险队第一次的探险从签订《辛丑条约》的第二年开始到日俄战争爆发之际结束。我们阅读这部日记时，头脑里应该有这样的历史背景。

日记中出现了一位叫鲍德上尉的人物。据说他打算从喀什出发，骑马前往新疆、甘肃和四川。他在街道上"一如既往"耀武扬威地旅行，有时还给北京的总理衙门（相当于外交部的政府机构）发电报，投诉道台（地方官）态度不好，还向地方政府强要饲料，走到哪里都遭人嫌弃。之所以会出现这样的人，是因为《辛丑条约》里有这样一项条款（第十条）：

第15课　随笔翻译例文

地方の役所に飼料を強要するなど、いたるところで鼻つまみになっていたという。こんな人物が出るのも、辛丑和約に、

　——今後二年にわたって、将来、排外、反キリスト教運動にたいし、死罪をもって厳禁する政府の方針を布告し、これにたいする地方官の責任を明示する。（第十条）

という条項があったからである。うっかり逆らって「排外」という烙印を捺されると、死刑になるのだから、地方の役人は戦々競々としていたはずだ。なにしろ一九〇一年に結ばれたばかりの条約である。

この旅行中、外国人であり、条約当事国の日本人である堀賢雄たちにたいして、沿道の官吏たちがどんな気持を抱いていたか、日記の記述者の思いも及ばないものがあったにちがいない。

なお西本願寺二十一世法主大谷光尊は、一九〇三年一月十八日に遷化した。長男の光瑞はインドにあったが、急速、帰国の途についたのはいうまでもない。上海からの光瑞の電報に接して、なぜそんなに早いのかとふしぎにおもう記述が本書にある。光瑞は父の死を探検隊員にはしばらく伏せておいたようだ。

帰国して光瑞は法主を継職する。第一次探検がはじまったころ、大谷光瑞はまだ法主ではなかったが、その途中から法主となった。そして十一年間在職した。法主の座を弟に譲ったときに、第三次探検は終わった。彼の法主在任は、西域探検の歳月とおなじである。大谷光瑞と西域探検は、ほぼ等身大であったといってよいだろう。

"各省抚督文武大吏暨有司各官，于所属境内均有保平安之责，如复滋伤害诸国人民之事，或再有违约之行，必须立时弹压惩办，否则该管之员，即行革职，永不叙用，亦不得开脱别给奖叙。"地方官员们一不留神被贴上"排外"的标签，就难逃一死，所以他们都战战兢兢，担惊受怕，毕竟1901年《辛丑条约》刚刚签订不久。

在这次旅行中，堀贤雄一行既是外国人，又是条约当事国的日本人。沿途的官员们对他们报以怎样的心情，日记的叙述者一定是无法想象的。

此外，西本愿寺第21世住持大谷光尊于1903年1月18日坐化。当时长子大谷光瑞身在印度，不必说，他火速踏上了回国之路。《西域旅行日记》记述，堀贤雄接到大谷光瑞从上海发来的电报，十分惊讶为什么这么快就到达了上海。大谷光瑞似乎暂时向探险队员隐瞒了父亲的死讯。

回国后，大谷光瑞继承了住持职位。第一次探险开始时大谷光瑞还不是住持，但他在回国途中当上了住持，自此任职11年。大谷光瑞把住持的位置让给弟弟时，第三次探险结束。他担任住持的时间与西域探险的岁月相同。大谷光瑞和西域探险几乎可以相提并论。

第 16 课
人物传记翻译例文

　　人物传记是通过对人物的生平、生活、精神等领域进行系统描述、介绍的一种文学作品形式，要求真实、可信、生动活泼，以达到对人物特征和深层精神的表达和反映。人物传记是人物或人物资料的有效记录形式，对历史和时代的变迁等方面的研究具有重要意义。本课例文选自《山中定次郎传》。山中定次郎是近代日本著名的文物商。

日文
山中定次郎傳
翁の出生

　　翁は慶應二年丙寅（西暦一八六五年）七月十一日堺市甲斐町七番地安達信五郎の長男として呱々の聲をあげられました。

　　當時我国内は德川幕府崩潰の寸前で、此年の春以來、長州征伐、兵庫-大阪・江戸等の窮民騒動、續いてその七月二十日には、十四代將軍家茂が征長の軍を統帥中、大阪城に在つて薨去し、一橋中納言（後の德川慶喜）を將軍名代として征長軍の總指揮に任じ、次いでをの十二月五日には將軍宣下、また同二十五日には、孝明帝の崩御といつた風に、悲喜ともに遽しい年であり、その一面には舊弊打破、諸制改革の清新にして潑剌たる英氣を孕んだ王政復古の一大機運が、丁度曉の空に迫つて來る光のやうに、忍びやかにヂリヂリくと押し進んで來てゐた時でありました。

参考译文[①]
山中定次郎传
诞生

　　庆应二年丙寅年（1865）7月11日山中先生在大阪堺市甲斐町七番地呱呱落地，他是安达信五郎家的长子。

　　当时日本正处于德川幕府政权瓦解前夕，这年春季开始，幕府征伐长州，兵库、大阪、江户等地农民起义风起云涌，同年7月20日，第14代将军德川加茂统帅军队征伐长州时，于大阪城薨逝。一桥中纳言（后来的德川庆喜将军）代理将军一职，任征伐长州军队总指挥，同年12月5日（1867年1月10日）德川庆喜任将军，同年12月25日（1867年1月30日），孝明帝驾崩，可谓悲喜交加之年。同时，该时期也是打破陈规，改革旧制之时，气势磅礴的王政复古之风宛如黎明前的曙光，正悄悄地来临。

[①] 汉语由大连交通大学外语学院李芳副教授译出，由编者校译。

人間一代の運命といふものが、果して運命論者の説の如く、胎兒生活當時の環境の刺激並に出生時に大なる關係があるとしましたならば、吉凶禍福、多くの波瀾曲折を藏した、翁七十一年の生涯に於ける、奮鬪と革新、向上と進取との氣に滿ちた、活潑々たる生活は、即ちこの時代の氣を享けられ、出生と同時にこれを約束されたものでありますことは敢て斷はるまでもない事と思ふのであります。

翁の嚴君は、古美術商を生業として居られました、その關係上、古美術品に就ての翁の智識は、生れながらにして既に體得されてゐたのでありました。十二歳で堺の尋常高等小學校を卒へられるや、この當時の一般風習として、翁は嚴君の膝下に在つて家業を見習ひ、毎日の如く嚴君に伴はれて大阪に出で、同業者の店に出入して賣買の方法を初め、古美術品の鑑識、取扱ひその他に關し、實地の研究を練習されたのでありました。

丁稚時代の勉學

獅子はその仔の勇猛心と健康とを試みるために、千仞の峽谷へその仔を落すといはれてゐます、親としての眞の慈愛は、かうした困苦難行の試練を與へることによつて、その愛する兒に、不屈不撓の勇氣と、忍耐と獨立獨步の精神とを培ひ、をの魂に人間としての美しい磨きをかけ、永遠に滅せざる光と力とを與へ、以て社會国家のため、或は世界全人類のため有用の人物として完成することを念願としてゐるもので、彼の俚諺に「可愛い兒に旅をさせよ」「可愛い子は他人の飯で育てよ」などなどあるのは、即ちこの意に外なら

正如宿命论者所言，人一生的命运与其胎儿时期以及出生时的环境刺激不无关联。山中先生经历了吉凶祸福、波澜曲折的人生，在他71年的生涯中积极奋斗进取，不断创新，充满了朝气与活力。山中先生在出生时既已感受到时代气息，并注定了今后的命运。

山中先生的父亲从事古董行业，因此，他耳濡目染，从小便熟识古董。山中先生12岁毕业于堺市一所普通小学，按照当时的习惯，毕业后就跟着父亲学习经营家业，每天跟随父亲出入大阪古董商店，练习买卖的方法及古代艺术品鉴别方法和经营方法等，在实践中反复研究，锻炼自己。

学徒时代的勤学

据说狮子会将幼崽抛进万丈深渊，锻炼幼崽的勇猛精神和健康体魄。父母真正意义上的慈爱是在艰难困苦中历练孩子，培养爱子不屈不挠的勇气、坚韧不拔的精神和独立的性格，打磨其灵魂，使其永远大放异彩，从而使其成为社会、国家乃至世界的栋梁之材。

俗话说"爱孩子就要让他远行"，"爱孩子就让他吃百家饭"，这正是父母慈爱之心的映照。

ぬのであります。

翁の嚴君は、かうした意味から、翁が十三歲の秋九月、翁の魂を練磨する道場、古美術品業の大學として、大阪東區高麗橋三丁目の山中吉兵衞さんを賴み、同家の丁稚として翁を住み込み奉公に出されたのでありました、時に明治十一年（西曆一八七八年）。

この當時大阪の商家に行はれてゐた丁稚生活といふものは、尚依然として舊幕時代の制度を踏襲してゐましたので、現今のことより知らぬ人々には、殆ど想像もされぬ程慘めな苦勞、難行の伴つてゐたものでありました。

翁はよくこの艱難に堪えられたゞけではなく、同僚の勞苦まで我身に引きうけ、主家を大切に、そして寸刻の時間を惜んで、業務に精勵されたのであります。

明治維新後、諸般の制度は次ぎ次ぎ改められ、その面目を一新すると俱に、歐米の文化は潮の寄せるが如く、ひたひたと押寄せて來ました、

文明開化、上等舶來などいふ詞は、津々浦々にまで瀰漫し、向上心に燃える靑少年達は、外國語の研究に沒頭しました。聰明、俊敏な翁は、夙くもこの世相を達觀し、自身獨立後の活躍場所を海外と定め、劇務の餘暇松村敏夫さんの英學私塾に通ひ、一心に勉學、後日大成の準備に熱中されたのであります。

十九歲の時でありました、單身海外に渡航すべく、主家へ無斷で橫濱まで奔り、追手の者に引戾された程、翁の渡航熱は白熱化して居たのでありました。

翁の結婚

主人山中吉兵衞さんの懇望によつて、を

山中先生的父亲，正是出于这种考虑，让他在13岁那年9月住进大阪东区高丽桥三丁目的山中吉兵卫家当学徒。山中吉兵卫家被人称为修炼灵魂的道场，是古代美术品行业的大学，那年是明治十一年（1878）。

当年大阪商家的学徒生活沿袭了旧幕府时代的制度，所以对生活在现代社会的人来说，无法想象学徒生活的辛苦和艰难。

山中先生不仅忍受住了学徒生活的艰辛，还乐于帮助同事，尊重雇主，不浪费一分一秒，兢兢业业地做好每一项工作。

日本明治维新后，各项制度不断推陈出新，同时又掀起欧美文化浪潮，像"文明开化""上等舶来"等词语风靡全国，积极向上的青少年们都开始埋头研究外语。聪明、英俊的山中先生早已洞悉世界变化，认定自己未来的舞台在海外，繁重的工作之余，他还到松村敏夫先生的私塾学习英语，专心深造，为日后获得卓越的成就奠定了坚实的基础。

19岁那年，为了能够只身前往海外，他未经雇主允许就擅自跑到横滨，结果被雇主派人强行拖了回去，可见山中先生出国热忱之高。

结婚

应雇主山中吉兵卫的诚挚请求，

の長女テイ（未亡人）さんと華燭の典を擧げ、安達の姓を山中と改稱されましたのは翁二十四歳の時で、即ち明治二十二年四月三日でありました。翁がいかに業務に精勵し主家に忠實でありましたかといふことは、この主家へ養嗣の一事が、雄辯にそれを物語つてゐるのであります。

雄志勃々たる翁は、かくして龍の翼を得たるが如く、その宿志を伸すべき好機會の到來を待つて居られたのでありました。

待望の渡米

明治二十七年（西暦一八九四年）十一月三日、翁が多年抱懷して居られた、その志の一端を伸ばすべき海外進出の輝やかしい鹿島立が、滊船エンブレスオブチャイナ號によつて決行される事となりました。翁の喜びは果してどんなでありましたでしやうか、思へばこの三日の出帆こそ翁七十一年の生涯中、數十回に亘つて行はれた、東亞及び歐米各國への美術視察、並に美術品蒐集の全行程幾十萬キロとも知れぬ、尊くも亦意義深き旅行のスタートを切つたもので、翁としても生涯忘れ去ることの能きない、感激に滿たされた、初めての旅でありました。

翁の此壯擧に就ては先代山中吉郎兵衛氏を首め同族山中吉兵衛、山中與七の諸氏協議の結果互ひにその費用を醵出して、翁並に一族の山中繁次郎さんを海外に進出せしめる事とされたのであります。隨つて翁の同行者は山中繁次郎さんのみで、その二人のトランクの内には、我國獨特の美術品がウンと詰込まれてゐました。

山中先生与其长女贞子（寡妇）举行了花烛之典，本姓安达遂改为山中，此时的山中先生24岁，即明治二十二年（1889）4月3日。从被雇主家纳为嗣子一事可以看出山中先生多么精于业务，对其主家何等忠诚。

此时雄心勃勃的山中先生如虎添翼，终于等到了大展宏图的好机会。

期待已久的美国之旅

明治二十七年（1894）11月3日，山中先生期待已久的愿望得以实现：他终于乘坐中国皇后号汽船远赴重洋，一展进军海外事业的远大抱负。山中先生当时的心情一定无比喜悦，11月3日的启航正是山中先生71年生涯中意义深远的旅途起点，他数十次往返东亚及欧美各国考察美术行业、搜集艺术品，浩荡几十万公里。这对于山中先生而言是一生难以忘怀的、充满感激之情的首航。

老一代山中吉郎兵卫以及山中吉兵卫、山中与七共同商议并共同出资资助山中先生的壮举，最终派出山中定次郎先生本人及同族的山中繁次郎二人前往海外，临行时行李里装满了日本独有的艺术品。

ビゲロー氏指輪の話

憧れの米国へ着かれた翁は、豫て昵懇にされてゐたドクター・ビゲロー（Dr. William Sturgis Bigelow）ドクター・モース（Dr. Edward S. Morse）ブロフエツナー・フエノロサ（Dr. Earnest F. Fenollosa）三氏の助力と斡旋とによつて、紐育市西二十七丁目四に小さな店舗を構へ、携へて行つた美術品の第一回試賣を行はれたのであります。

その當時米國には未た日本人が經營してゐる、日本美術工藝品の店鋪といふものがなかつた爲に、翁の店は同國人の好奇心を唆り、隨つてその試賣は豫想以上の好成績を收めることが出來、翁をして歡喜雀躍せしめたのであります。翌年の二月には紐育市のウエスト廿七丁目廿番地に店舗を設け、後年の株式會社山中商會海外支店の第一礎石をシツカリと据へる事とされたのであります。

鐵道馬車ありし時代

次いで明治三十二年（西暦一八九九年）には、更にボストン市に支店を開き、主として支那の新古美術品並に我國産の工藝品や、雜貨等を販賣することゝなりました。

海外進出に、若い全身の血汐を湧きたゝせてゐられた翁の宿志は、かくして見事に達成されたのであります、翁の滿足は盖し筆舌のよく及ぶところではなかつた事と、想像いたすのであります。

進んで虎穴に入る

最初この渡米計畫が、翁によつて初めて提唱された際、山中家一族の人々は、皆その餘りにも冒險なのに驚き、反對されたのでありましたが時勢を看るに明敏な翁は、諄々とし

比格洛先生的戒指

到了憧憬已久的美国，山中先生在昔日好友威廉·斯特吉斯·比格洛博士（Dr. William Sturgis Bigelow）、爱德华·S.莫尔斯博士（Dr. Edward S. Morse）和欧内斯特·F.费诺罗萨博士（Dr. Earnest F. Fenollosa）的帮助和协调下，在纽约市西27街区4号找了一家小店，将带来的艺术品进行了首次试卖。

当时美国未曾有过日本人经营的日本美术工艺品商店，山中先生的店铺引起美国人的好奇心，试卖效果超过预期，取得了好成绩，这令先生欢欣雀跃。

第二年2月，先生随即在纽约市西27街区20号开设一家店铺，为之后的山中商会株式会社开设海外分店奠定了坚实的基础。

铁道马车的时代

在接下来的明治三十二年（1899），波士顿分店开业，主要销售中国的新旧艺术品以及日本生产的工艺品、杂货等。

雄心壮志的山中先生最终实现了进军海外的夙愿。不难想象，此时山中先生的兴奋心情无以言表。

突入虎穴

山中先生最初提出赴美计划时，家族成员皆认为此举过于冒险，计划遭到反对。但山中先生审时度势，向大家耐心阐述社会发展趋势与其钢铁

て我が世相の推移を説き、鋼鐵の如きその抱負を物語つて、一族の人々を終に説き伏せられたのであります。

虎穴に入らずんば虎兒を得ずとか、翁が斯うした事情の下に、此計畫を斷行されるに就ては、事若し成らずんば死すとも歸らざる覺悟を以て挺身虎穴に向つて勇躍、驀進されたのであります。

言語、風俗、慣習を全く異にした、海外萬里の異國に在つて、僅々四五ヶ月の間に、これだけの厚い信用を得、確固たる地盤を築き上げるといふことは普通の努力では到底成し遂げ得らるゝものではありません。

その商品の多くは、彼國人の嗜好に合致した優良品でありましたと同時に、買人の氣持を十二分に理解した、親切にして堅實な商ひ振りが、即ちこの成功を早くしたものであり、それはまた、いふまでもなく玲瓏玉の如き、翁の人格の發露によつたものであります。

士魂商才、翁はいかなる場合に於ても、外人に對する際は「自分は輝かしき日本帝國の商人である」と、いふ考の下に、滅私奉公の精神を以て事に當つた人でありましたことも、此短時日の間に、かくまで厚い信用を外人間に博し得られた、一つの近い原因であると、深く信じて疑ひません。

開店當時の奮鬪

開店匆々の當時には、翁と繁次郎さんと山中松治郎さん並に牛窪第二郎さんの外、後れて行つた森太三郎さんの五人だけでありました、無論人手が不足なのでありますが、併し雇ふとなれば、一人一日三弗、また夜まで働

般的抱负，最终说服了一族人。

"不入虎穴焉得虎子"，山中先生抱定不成功誓死不归的决心，挺身奔赴虎穴。

在语言、风俗、习惯迥然不同的遥远海外，山中先生仅用四五个月的时间便赢得美国社会的高度信任，站稳了脚跟，这并非普通努力可及。

山中先生的众多商品迎合了美国人喜好，同时他充分理解顾客心情，亲切稳妥的从商之道使其迅速获得成功。此外，不言而喻，山中先生如玉石般的品格也是助其成功的关键。

士魂商才，山中先生在任何场合，始终怀有"我乃辉煌的日本帝国商人"的思想，秉承舍己奉公的信念，我们深信这是助其在如此短暂时间赢得外国人信任的一个主要原因。

开店之初的奋斗

开店时，只有山中先生、山中繁次郎、山中松治郎以及牛洼第二郎，还有后来的森太三郎五人，人手不足，雇佣一人每日需支付3美元，如果夜晚加班需另付3美元。为了节约开

かすとなると、更に三弗を支拂はねばなりませんので、さうした一切の冗費を節約するため、夜遅く鼻血の出る程五人で働かれたのです、或日のこと、かうして働いてゐる際、一枚二百弗もするといふ窓硝子を不注意から打破つて了ひました、これでは節約どころか、却つて餘分の損金を出すことになるといふので翁も心配されましたが、幸にもその窓硝子には保險が付けてありましたので損を免がれたといふ話も殘つて居ます。

店は三四流どころの小さな作りで、上には棚があり、荷物はその下に納めて置くといふだけで、五人はその店の近くの下宿に起臥されたのであります。

店が小さいため、奇拔な裝飾、清新な飾付けによつて客の眼を惹きつけなければならぬといふので、その飾付には少なからず苦心をされたのであります、その揚句、日本風の床の間を作り、佛畫の掛物をかけ、その外これに調和した飾付けを行ひ、翌日店を開いた時、多くの客が、この變つた飾付けに眼をみはるのを樂しみに、皆下宿へ引揚げました、ところがその夜、森さんが店へ行つてみると妙な音がする上に、肝腎の床の間へ、水がボタボタと漏れてゐるので、こりや大變な事が出來たと、早速佛畫の掛物を取外し、下宿へ戻つて翁にこの事を告げました、翁は「佛畫は外したか」といひながらも、全員を引具して店へ駈着け、水の漏る場所を調べた處、階上にある水道のパイプが破裂してゐたのを發見直ちに修理にかゝり、翌朝何事もなかつたやうに店を開き、入り替り立ち代り來る客に大きな滿足を與へる事が能きたのであります

支，五人日夜奋战，以致鼻血直流。某日，在如此高强度工作中，不小心打碎了一块价值200美元的窗玻璃，这使秉持开源节流的小店蒙受巨大损失，幸好这块窗玻璃上了保险，最终才避免了损失。

小店位于三四流的下等街区，店内上层有搁板，货物都收纳在搁板下面，五人寄宿在小店附近的房子里。

店面很小，但还要布置新颖，吸引顾客目光，山中先生为此下了很大功夫。最终小店布置成了有日式地板的房间，墙上挂着佛画挂轴，店内外装饰融为一体。五人回到住处，期待着第二天开张时顾客欣赏新颖的装饰，但是当夜森先生到商店里查看时却听到了异响，原来最为关键的地板积水了，大事不好，森先生赶紧将佛画挂轴摘下，回到住处将情况告诉了山中先生，山中先生一边问"佛画撤下来了吗？"一边带领众人赶往店铺。漏水原因查到了，原来是楼上的水管破裂。大家迅速进行修理，保证了第二天早上正常营业。店铺开业时宾客络绎不绝，惊叹店铺装修的精美。可能是山中先生受到此事的强烈刺激，即使到了晚年，他仍然经常向亲近的人提起此事。

が、この事件は餘程翁の神経を強く刺激したものか、後年よくこの時の話を側近者に繰り返へして居られた。

　また明治三十二年頃、ボストンで日本雑貨の試賣をやられた時などは三十梱からの箱の品物を陳列して店を開けると、夕方の五時半頃までにそれがスツカリ賣盡されて了ふので、翁を首め店の人々は、夜に入つてから翌日の準備にかゝり、幾十梱の荷物を解き陳列をして置くと、翌日またそれがスツカリ賣盡されるといふ狀態で、莨一服の休息時間もない位忙しかつたといひます。

商品を愛す

　翁は店に居られる時には、必ず布巾を持つて陳列品や、陳列臺の埃を拭ひ歩き、ボンヤリしてゐる店員に向ひ「君等は何をして居るのだ、蜘蛛の巢が張られて居ても、手で拂ふ譯にもゆかず、洋服で拭ふ事も能きないからと、知らん顔をして見過してゐては困る、雑巾でも持て居たらキツト君達もかうして拭くだらう」といつては拭ひ廻つて居られたが、併しそれが店員に見せつけるといふ意よりも、商品を愛し、また顧客の感情をよくするために、自然になされる行爲なので、誰一人それを不快に思ふ店員はありませんでした。

　翁は自身の取扱つてゐる商品に就ては、多くの愛着をもつて居られた隨つて陳列品が埃に汚れてゐたり、不態な飾り方がしてあつたりするのを見ると、自から之れを直したり清拭きしたりする以外に、その品の賣れた場合の荷造りを非常に注意された、假令一圓の品であつても、汚れた箱に容れたのではお客の氣分が面白く感じない上に、をの品物も可哀

明治三十二年（1899）前后，在波士顿试卖日本杂货时，店内整整陈列了30箱商品，从开始营业到当日傍晚5点半，商品一售而光。山中先生带领大家深夜准备第二天销售的商品，将几十箱货物开箱摆放好。第二天也销售一空，忙得毫无喘息之机。

爱护商品

　　山中先生在店里时，一定会来回用抹布擦拭陈列品和陈列台上的灰尘，并向发呆的店员吼道："你们在干什么呢？！当然，有蜘蛛网，你们不会用手，也不会用衣服擦掉，但是视而不见，也不好吧。你们要是手里有抹布，就会擦拭了吧！"山中先生用抹布来回擦拭，他这样做，并不只是想做给店员看，更多的是因为他爱护商品，让顾客满意而自然为之，全体店员从未对此有一丝反感。

　　山中先生对自己负责销售的商品更是爱护有加，如看到陈列品上有灰尘或装饰不当，他会亲自擦拭重新摆放，如果商品售出，则对其包装格外留意。即使价值1日元的商品，如果放入脏兮兮的箱内，也会让顾客产生不愉悦的购物体验，并且这样的做法对商品来说也很不公平。因此，不

第16课　人物传记翻译例文

相だから、いくら荷造費がかゝつても、破れたり汚れたりしてゐない綺麗な箱に納めることを忘れてはならない、また品物のガタつかぬやう詰め物をする際でも、汚れた新聞紙を用ひてはならぬと、自からこれを監督し、また布巾を以て、その品物を更に清拭きした上綺麗な紙に包み、總てに氣持ちよく、荷造りをして渡されました、それでその包装紙に就ても透明紙がよいか、白紙がよいか、人知れずいろいろと研究をされてゐました。

商品も只賣りさへしたらそれでよいといふだけでなく、同じ賣るにしても、お客に十分品についての理解を得て貰つた上で、喜んで買つて貰つたいといふ心が一杯でありました、されば陳列會でも催される際には、その品物を寫眞圖版に製し、詳細な解説を附した立派な目録またはパンフレツトに作り、主立つた顧客へ豫めこれを送つて、品物に對する豫備智識をもつて頂く便に供へられた、晩年大阪美術倶樂部や日本美術協會などで開催された各種の展覽會に、單獨の美術書としても恥かしくないやうな圖録を、その都度配付された如きは、よく翁のこの心境を説示したものでありますが、要するに翁の商ひ振りは、どこまでも紳士的に正々堂々、八面玲瓏とした氣持で終始されてゐたのであります。

米國より英國へ擴張

從來個人的經營であつた山中商會も、翁の海外に於ける健闘、活躍により、年々その業績上見るべきものが多く、隨つて將來一層の大飛躍を試みるには、個人的では、不便の點も少くないといふので、明治三十三年合名會社組織に改め、翁自から業務執行社員に任じ

论花费多少包装费，最后他都不忘记把商品装进没有破损及污渍的干净盒子里。此外，在包装时为了不让商品随意晃动，山中先生会亲自监督，用干净整洁的报纸填充商品，还要用抹布再次擦拭商品后放入整洁的包装纸内。单就将商品放入透明包装纸内还是白色包装纸内这件事，山中先生不知研究了多久。

销售不仅是将商品卖出去那么简单，山中先生希望客人能够充分了解所购商品，希望客人拥有愉悦的购买体验。参加展销会时，山中先生会将商品拍摄成图片，附上详细说明，事先发给重要顾客，使其增加对商品的了解。

山中先生晚年在大阪美术俱乐部、日本美术协会等举办的各种展会中发行的图录堪比独立的美术图书，每次发行的图录都凝聚了山中先生的心血，他的商业行为充分体现出他的绅士风度，堂堂正正、八面玲珑的品格。

从美国向英国扩张

以前，山中商会是个人经营，但随着山中先生海外事业蓬勃发展，业绩不断攀升，再延续个人经营方式会出现很多不便，明治三十三年（1900）山中商会改为合资公司。山中先生亲任一线业务员，当时由于只

ると俱に、これまで米國のみを活動の舞臺としてゐられた關係上、同國にのみ支店を設けてゐられたのを、更に海を越えた英國ロンドン市にも一支店を新たに設け、その活動の範圍をグツと擴大し、そして山中六三郎、富田熊作氏等を駐在させ、更に續いて岡田友次氏を派遣されたのであります。

翁のかうした奮闘は、直ちにその業績の上に報ひられて來ました、その内最も翁の榮誉と5れたのは、英國皇室から、又歐洲各國の皇室よりも、日本及東洋の美術工藝品類の御用命を蒙られた一事であります。

我國最初の戰爭映畫紹介

最近五十年間に於ける世界の文化は、電燈、電話、蓄音機、飛行機、自動車、活動寫眞、ラデオ等を初め、一般電氣機具等の出現によつて飛躍的の超進歩を來たしました、就中活動寫眞、飛行機、ラデオの發明はいかに世界人類の生活竝に社會組織の上に、大きな變革を齎したかといふことは、敢て筆を贅するまでもないことであります。

我が山中定次郎翁は、倭軀瘦身でしたが、併しその全身には、愛國的の血汐が不斷に沸り立つて居り、且つ頗る進取的の氣性に富んで居られた、さればその本職とする古美術品の輸出入に關し、絶えず歐米先進國の人々と相接して、清新の空氣を呼吸し、彼の國々の實情に通曉してゐられたため、國の遠近、損益の多寡等を論ぜず、我が日本帝國の文化向上進歩の上に、大きな働きをなすものとさへ見れば、本業以外の品であつても進んでこれを輸入し、徒らに舊夢のみを貪る我々同胞を刺激し、我文化の發展に貢獻することを怠

在美国开展业务，所以只在美国开了分店，后又跨海来到英国伦敦设立了一家分店。其经营活动突飞猛进，山中先生让山中六三郎、富田熊作等人长期驻扎伦敦，后续又派遣冈田友次前往伦敦常驻。

山中先生的努力立即体现在了公司业绩上，其中最让山中先生引以为荣的是其商品纷纷被英国皇室以及欧洲各国皇室订购。

引进日本最早的战争电影

近50年来，电灯、电话、留声机、飞机、汽车、电影、收音机的出现使世界文化飞速发展。特别是电影、飞机、收音机的发明不必多言，彻底改变了人类生活和社会组织。

山中定次郎先生身材瘦小，但其全身奔涌着爱国热血，且富有进取心。古代艺术品进出口是其本行，但他不断接触欧美发达国家人士，呼吸那里的清新空气。他通晓那边国家的实际情况，不论国家远近、收入多寡，只要有利于日本的文化进步，即使是本行之外的物品，他也积极引进。极大刺激了一味沉迷于旧梦之中的日本同胞，为日本文化发展不断贡献力量。特别需要铭记的是，山中先生在日本电影界的黎明期，致力引进

れなかつた、その一例として特記すべきものに、我國映畫界の黎明期に、進んで活動寫眞の輸入を企て、直營を以てこれが公開上映を行ひ、未だ幼稚であった斯界に、啓榮の鞭を揮ふと俱に、今日の盛大を誘發すべく努力された事がありますが、併しそれは餘り世には知られて居りません。

　西暦一九〇四年（明治三十七年）、折柄米國紐育に居られた翁は、米國のエヂソン會社に於て製作した、キネマトグラフの「黑木軍の鴨綠江の大勝利」、「旅順港の攻擊」等を見、これあるかなとばかり、五千呎以上のこのフヰルムと、上映に必要な一切の機具、裝置を手に入れ、自から携へて歸朝し、大阪道頓堀の中座を會場としてこれを一般に公開されたのであります、何しろ我軍が、日露戰役に於て大勝利を博した、所謂戰爭映畫といふので、人氣は彌が上にも湧立ち、實に素晴しい好景氣を以て迎へられました、併し今日の如く、總てに技術が進步して居らず、また一度寫したフヰルムは、次ぎ次ぎ卷き收めてゆくといふやうな裝置がなかつたので、漸く一日に二回しか上映が出來なかつたといひます、隨つて觀覽者の殺到は每回實にすさまじい程で、入場券を求めるために、中座前の道頓堀から、戎橋を渡つて宗右衛門町まで、人垣を築いたやうに行列が續いたと申します。

　我国に於ける初期の映畫としては、明治二十九年、稻畑勝太郞氏が、佛國漫遊の土產として、佛蘭西で作つた「ミラノの水泳」「三人の男がビールの泡を吹いて吞む」といふ、長さ五十尺程のものを將來し、橫田商會の手で關西に於て公開上映されたのが最初

电影，以直营的方式公开放映，启蒙了当时尚处萌芽期的电影界，因而才有了今日电影业的蓬勃发展，但此事几乎无人知晓。

　　1904年（明治三十七年）正在美国纽约的山中先生看到美国爱迪生公司制作的电影《黑木军鸭绿江大捷》《攻击旅顺港》等影片，惊叹世间竟有如此电影，他将超过5000英尺的电影胶片以及播放电影所需的所有设备全部买下来，亲自带回日本，在大阪道顿堀中座剧场向大众公开放映。影片是日本军队在日俄战争中大获全胜的内容，即战争电影，当时引起民众强烈反响，受到热烈欢迎。当时的放映技术并非如今日这般发达，放映一次后没有自动回卷胶片的设备，所以一天只能放映两场，场场爆满，排队购票的队伍从中座剧场前的道顿堀，经戎桥，像一道人墙一样，一路排到宗右卫门町。

　　日本早期的电影是明治二十九年（1896）稻畑胜太郎游历法国带回来的电影影片《米兰游泳》《三男吹饮啤酒泡》，胶片长约50尺，由横田商会在关西地区独家放映，是日本首次公映的电影。之后，栉引氏也相继引

で、これに引續いて櫛引氏が、同氏と相前後して同じエデソン會社の製作になる風景物を取寄せ東京神田の錦輝館で上映した位のもので、その他にはまだ何人も、この方面の事業に指を染めては居なかつた時であります。

山中翁の仕事は、稻畑氏のそれよりも、やゝ後れてはゐましたが、その代りフヰルムの長さも五千呎以上といふ長尺物であり、且つ映畫の題材が、我國民の血を湧き立たせた日露戰役中に收材した戰爭映畫であつたこと及び、戰爭映畫としては我国最初のものであり、また輸入者自身が直營でこれを上映公開したといふやうな諸點が稻畑氏のそれとは異つて居るので、我國の映畫史を編む上には斷じて逸することの能きない、貴重なものであることを私は茲に特記して置きたいと思ふのであります。

进爱迪生公司制作的风景电影，在东京神田的锦辉馆上映。当时涉猎电影行业的人屈指可数。

山中先生的电影引进工作虽较稻畑氏略晚，但引进胶片的长度超过5000英尺，且电影以令日本国民热血沸腾的日俄战争为题材，是日本首次引进的战争电影。此外，引进此类电影的山中先生以直营的形式公映，形式与稻畑氏截然不同，是日本电影编年史中不可或缺的宝贵记忆，特在此记述。

第 17 课
学术著作翻译例文

随着中国学术的繁荣，中日学术方面的交流日益频繁，学术著作的翻译越来越多。学术著作以逻辑清晰、严谨，论点明确、论证合理而著称，故学术著作翻译需掌握好原作者的论点和论证方式。本课例文选取日本学者富田升先生的《近代国宝流失录》中的一章。

日文	参考译文[①]
第四章　未知の中国秘宝、日本に上陸	第四章　未知的中国秘宝登陆日本
第一節　抹茶と煎茶の明治維新	第一节　抹茶与煎茶的明治维新
維新の激浪	维新狂澜
明治維新によって、わが国の伝統美術は受難の時代をむかえていた。欧化主義が世を風美し、それに廃仏毀釈も加わって伝来の美術工芸品の多くが捨ててかえりみられなかった。わけても仏像や武具はその最たるものであったけれども、それにならんで矢おもてに立たされたのが、抹茶道具であった。江戸時代、抹茶道は将軍家や大名家に茶職を得て格式をほこり、家元制度に安住することができた。それが維新の到来とともに、その経済基盤である知行を失って凋落し、ほぼ明治中頃まではなはだしく衰退していた。抹茶道が復興の機縁をつかんだのは、明治中・後期から	明治维新时期，日本的传统美术进入苦难期。欧化主义风潮席卷日本，加之废佛毁释[②]运动的影响，许多舶来的美术工艺品被无情毁弃，其中最为严重的当属佛像和武器，但是，抹茶道具也同样成为众矢之的。江户时代，将军家及大名家专设茶职且讲究格式，抹茶道在家元制度[③]中立足扎根。随着明治维新的到来，将军大名丧失领地所有权，抹茶道也因失去经济基础而日渐衰败，明治中期几乎彻底败落。明治中后期至大正时期，益田钝翁[④]、高桥箒庵[⑤]等近代财阀中的

---

① 中文由大连外国语大学日本语学院徐二红女士译出，由编者校译。
② 废佛毁释是指明治时期实行神佛分离制度，开展排斥佛教的运动，毁坏寺院、佛像、佛具、佛经等。
③ 家元制度是保障各类技能尤其是传统工艺技能代代世袭传承的重要制度，位于等级顶端的大家长被称为"家元"。
④ 益田钝翁（1848—1938），男爵，原名益田孝，别号钝翁，日本实业家，曾任三井物产社长等要职。同时，作为茶人也德高望重，影响巨大。
⑤ 高桥箒庵（1861—1937），原名高桥义雄，毕业于庆应大学，日本实业家，同时也是著名茶人。

大正にかけ、益田鈍翁や高橋箒庵ら財閥系の近代数奇者、家元流儀によらぬ大茶人の登場によってであった。折しも、日清、日露戦争を経て国粋主義的傾向が強まったことや、第一次大戦前後の好況が追い風となった。大正期には茶道具類が異様な高騰を見せるなど、抹茶道はようやく絶頂をむかえようとしていた。

　明治初期から中期にかけ、日本美術がこうした苦境にあえいでいた中で、中国美術にはいかなる目が向けられていたのであろうか。ひとつだけ、思いがけない潮流があった。抹茶と鮮やかな対比を描いた煎茶である。煎茶は、隠元を介して明代の煎茶法がもたらされたことにはじまるが、その由来から中国的な教養、文人趣味を標榜していた。文人墨客が書斎につどうては、格式にこだわることなく茶を喫し、文具を愛で、書画をたしなみ、詞を賦し、文房清玩の趣をつくそうとした。江戸も後期から幕末になると、こうした本旨から離れ、煎茶道具や点前になずむ流儀としての煎茶道がかたちづくられていった。次第に遊芸化しながら、大衆的基盤を広げたのである。不可避の潮流であった。だが、かえってそれによって煎茶道は維新の激浪をも乗りきって、明治以降も衰微することなく隆盛をきわめることができた。おびただしい数の茶会記や、大寄せの茶会のたびかさなる開催が、それを如実に示している。この点を少し補足しておこう。

「茗讌」のはじまり

　明治になると大寄せの茶会（茗讌）が開かれるようになった。それには十席から、と

风雅人士，并非凭借家元制度一脉相承，而是以大茶人的身份登上历史舞台，这使抹茶道得到了复兴的机缘。当时恰逢经历了甲午战争与日俄战争，日本国粹主义思潮高涨，而且第一次世界大战前后甚为景气的日本经济也对复兴抹茶道起到了推波助澜的作用。这一切使得大正时期茶道具价格暴涨，抹茶道终于迎来巅峰期。

　　明治初期至中期，日本美术在困境之中苦苦挣扎。那么中国美术又境遇如何呢？此时，出现了一个令人意想不到的潮流，它就是与抹茶形成鲜明对照的煎茶。隐元大师将明代煎茶法带入日本，这是煎茶最初的起源，之后煎茶便开始宣扬中国式礼法与文人雅趣。文人墨客聚于书斋，不拘礼法地品茗赋词，舞文弄墨，品鉴书画，极尽文房雅玩之趣。但是，到了江户后期至幕府末年，煎茶道脱离上述本旨，开始执着于煎茶道具与茶道仪式，在逐渐向大众趣味化转型的同时扩大了群众基础，形成一股势不可当的潮流。但正是因为这种转型，使煎茶道越过维新巨浪的冲击，明治后毫不衰微，反而蓬勃发展起来。不胜枚举的茶会记录和频繁举办的大型茶会也证实了这一点。下面将稍作补充说明。

"品茗会"的起源

　　到了明治时代，大型茶会（品茗会）开始盛行，其规模从十席到几十席不等，席间所用煎茶道具式样繁

きに数十席にもおよぶ茶延がもうけられ、とりどりの煎茶道具が趣向をこらしてしつらえられた。さらに茶席と別に、鑑賞のための展観席が、テーマごとに仕切られてもうけられるようになる。当初書画にはじまり、やがては古銅器、陶磁器、盆栽などさえ大掛かりに展覧されるようになった。質量をきそい、鑑賞性がいちじるしく強まった。こうした茶席や展観席の飾りつけを木版刷り図録に写しとり、出展した道具類の細目をかきつづったのが「茗讌図録」である。明治初期の「青湾茗讌図誌」や『円山勝会図録』などがその嚆矢で、それ以降、めぼしいものだけでも六十種あまりを数える。明治十年代、二十年代あたりをピークにして、大正末に至るまで発刊されたが、ちょうど抹茶の隆盛と入れかわるように、大正末から昭和初期で急速に衰亡した。道具類への惑溺が、文人清雅の本旨とあまりにも乖離し、骨董趣味や投機的収集を助長したためである。道具商の商業主義に籠絡されたともいえる。

唐物趣味さまざま

それにしても、彼らの中国趣味にはなみなみならぬものがあった。彼らは繁瑣な規格意識から相対的に自由で、中国の明、清代の瀟洒で洗練された文人趣味を憧憬した。実用に供しながらも、道具類それ自体の美を深く見つめようとし、鑑賞への指向を内在させていた。彼らは、床には山水をかけ、文人が思い描く去俗清風の理想郷を眼前に切りとった。清冽な白玉や青磁の香炉に香を焚きしめては身を清め、峻厳鮮烈な清朝単色磁器の花器に文人花を活けた。明窓浄机には、文房飾りと

多,别出心裁。而且,除了茶席外,还专门设有用于鉴赏的观展席,并按照主题分设不同展位。最初的展品为书画类,后来扩展到古铜器、陶瓷器、盆栽等大规模展览。质与量均竞相媲美,鉴赏性显著提升。将上述茶席和观展席所用道具饰品刻为木板印刷图录,并将展出的道具类明细完整记录下来的便是《茗讌图录》。明治初期的《青湾茗讌图志》和《圆山胜会图录》等首开先河,之后各种图录层出不穷,有名的便达60余种。图录在明治十年代、二十年代达到巅峰,到大正末期仍有发行。但是,随着抹茶与煎茶的盛衰交替,图录从大正末期至昭和初期便迅速走向衰亡。对茶道具的沉溺,是因为品茗已经完全背离了文人雅正的宗旨,助长了投机的收集行为和人们对古玩的兴致,也可以说是被茶道具商的商业主义所俘虏了。

唐物趣味的多样性

尽管如此,他们依然对中国舶来品情有独钟。明清两代那种相对自由、脱离了繁琐规章格式、潇洒而又洗练的文人趣味深深地吸引着他们。他们将茶道具作为实用之物,同时还想要深入审视其本身的美,内心深处开始萌生品鉴的指向。他们将山水画挂在和室,文人描绘的不染俗尘的桃源乡便尽现眼前。取一香炉,或为白玉,或为青瓷,焚香净身;取严肃浓烈的清代单色釉花器插花,以花映

称し、四宝をはじめとする精緻な卓上の小器をとりどりにあしらい、文房に清玩した。しかも茗嚥の展観席には、やがてあまたの明清書画や殷周古銅器、一部の清朝官窯磁器などさえ展覧されるまでになった。江戸から明治、大正に至るまで、彼らこそさしあたりもっとも強力な中国美術の信奉者、需要者であり、ほのかに輪郭をあらわしはじめた中国正統美術のいちはやい鑑賞者にもなろうとしていた。

　たしかに抹茶道においても、唐物に別格の格式を与えていた。しかしその唐物趣味も、所詮は抹茶道の信条ともいうべき伝来へのこだわりや、用途・器種・サイズなどについての厳格な規格意識から自由ではありえなかった。そしてなによりも実用を本位とし、あくまでその用の中に生かされ、用とともにある美を探求していた。彼らにとっては、用いてこその美であった。鑑賞への指向を強く内在させる煎茶との明快な分岐点である。ちなみに抹茶道は、宋元の単色の古陶磁器や明末の染め付け・赤絵などを好んで用いた。幽玄静謐な天目の茶器や龍泉窯の青磁などにはおだやかな南宋の美の名残りがあり、それは先に触れた牧谿の画風にも一脈通ずるものがあろう。鋭利厳粛な北宋文物とは異質であり、いかにも叙情的な日本人的美意識による選択を感じさせる。明末の磁器は混乱の世相を映しだし、整斉を逸脱したある種の奔放感が横溢している。とりわけて意図的にシンメトリー

人、尽显文人雅致。明窗净几之上，装点有文房四宝等各种精致小器，供案头赏玩。另外，品茗会的观展席上开始大量展出明清书画、殷周古铜器，甚至还可欣赏到部分清朝官窑瓷器。从江户、明治再到大正时期，这些人是中国美术最强有力的信奉者和需求者，他们也即将成为初见端倪的中国正统美术最早一批鉴赏者。

　　的确，抹茶道也给予唐物一些特殊的格式规范，但这种唐物趣味终归还是无法从抹茶道的信条这一舶来的局限以及茶道具的用途、器种、尺寸等方面的严格限制中自由脱身。其中最为关键的是实用为本主义，终究要在实用中创造美，于实用中探求美。对他们来说，实用才是美，这一点与强烈蕴含着以鉴赏为旨归的煎茶道大相径庭。此外，抹茶道尤为偏爱宋元的单色古陶瓷器和明末的染付和赤绘等。幽玄静谧的天目茶器、龙泉窑的青瓷等，留存着南宋之美的温润遗风，与先前提及的牧溪[①]画风也一脉相通。它们与庄严肃穆的北宋文物不同，似乎处处流淌着日式抒情的审美情趣。明末瓷器则反映出社会的动乱，洋溢着一种挣脱秩序的奔放感。茶人们有意打破对称，主要订制运笔飘逸的古青花瓷器等，其匠心和触

---

① 牧溪，俗姓李，生卒年不详，南宋禅僧画家，其生平画迹和作品在中国流传甚少，但在日本流传较多，是日本评价最高的画师之一，被尊为"画圣"，对日本水墨画影响巨大。代表作《潇湘八景图》。

を破り、瓢逸な筆致の古染め付けなどは、茶人の注文制作になり、意匠や触覚などに彼らの好み、美意識がそのまま投影されている。とくに侘び茶は、こうした辺境や日常の雑器にこそなにげない用の美を見いだしていたのである。

茶器から鑑賞へ

多様に蓄積されたこれらの唐物は、書院の茶から利休の侘び茶の成立を経て、歴代の茶人、つまり日本人の時代の感性のフィルターを通して厳しく選別され、その試練をへて蓄積された〔茶器〕なのだ。しかもその多様さにもかかわらず、基本的にはいずれも民窯の制作であった。そして美意識を含めて用途・器種など、その範疇に入らないものは従来〔ゴテ物〕と称され淘汰されてきたのだ。

こうした抹茶道の美質は、たとえば明朝盛期の重厚な官窯青花磁器やまして技巧過多で繁縟気味な清朝官窯製品などとは、まったくあい容れぬものであった。そして、これらの官窯こそが、中国においては端正・精緻・峻厳を本領とする正統、本流の美の系譜を形成していた。日中の美意識の隔たりは大きく、たとえわが国に歴代蓄積された中国文物であっても、それらは日本人がその伝来の美意識を通して選り好みしてきた、カッコつきの「中国文物」なのだ。殷周古銅器や一部ではあるが清朝官窯磁器などの中国正統美術への着眼は、煎茶供用の目的意識になお覆われて

感也间接反映出茶人的喜好和审美情趣。尤其是闲寂茶[①]，正是在这种边缘地带和日常杂器中发现了恬淡的实用之美。

从茶器到鉴赏

各种积累下来的唐物，源起书院茶[②]、经利休闲寂茶的成立，通过历代茶人即由日本人对时代的感性过滤后严格筛选、历练后积蓄下来的（茶器）。尽管它们样式各异，但基本都是民窑制作的。而且包含审美情趣在内，凡用途、器种不在其列者都被称为过时的"落伍分子"遭到淘汰。

抹茶道的本质美与明朝繁盛期制作的沉稳官窑青花瓷以及因巧技过多而带有繁缛之嫌的清朝官窑等格格不入。而正是这些官窑，在中国形成了以端正、精致、严谨为本的正统主流美学系谱。中日间审美意识大相径庭，因此，即便是日本历代积累的中国文物，其实也是根据日本人对舶来品的审美筛选的、带有引号的"中国文物"。当茶人着眼于殷周古铜器及部分清朝官窑瓷器等中国正统美术时，虽然仍旧主要看重其作为煎茶道具的实用功能，但他们开始宣扬文人

---

① 与追求豪华的书院茶相对，闲寂茶主张"和敬清寂"的朴素之美。始于村田珠光，完成于千利休。
② 书院茶是指室町时代（1336—1573），在书院式建筑中庄重地为客人点茶的茶会，席间装饰有各种唐物和豪华的茶道具，讲究格式，注重排场。

はいるけれども、文人趣味をかかげ鑑賞への指向をたぎらせる煎茶ならではのものであった。抹茶道とはそもそも氷炭あい容れぬものがあったろう。

　狭義には、こうした強い中国趣味に満ちていた煎茶道において、あるいはもう少し広く中国文物に関心をよせる人々によって、義和団時流出文物はどのように受容されていったのであろうか。また、それはどう証明されるのか。私ははじめに煎茶に焦点をあて、分析の指標を明確にしながら、この問題にアプローチしたい。次いで、それ以外の他のジャンルでの受容例をもなんとか捜し求めてみたい、と思う。こうした探索の結果、先に見た義和団時文物のわが国への流入の状況に一定の光をあてることができるだろう。

第二節　煎茶と中国趣味
資料としての『茗讌図録』

　煎茶には江戸から明治、大正に至る中国文物受容史がある。この中で、明治三十三年頃からはじまる義和団時の流失文物をどのように特定すればよいのか。またそれが可能であるとして、次にはそれより以前に流入した中国文物と比較し、両者間の差を明確にして、その意味を考察しなりればならないだろう。

　さしあたり、明治から大正にかけて発行された『茗讌図録』に付された図が、ひとつの手がかりになりそうである。ただそれは木版刷りを伝統としていたため、今日の精巧な写真図録を用いた、精度のたかい判別や比較をすることはどだい無理である。しかし、その限界をふまえたうえでも、時代的変遷のおよその傾向ならばつかめるであろう。さらに

趣味，热切地指向煎茶所独具的鉴赏性，这一点与抹茶道在本质上水火不容。

　从狭义上来讲在充满浓郁中国趣味的煎茶道中，或从广义来讲对中国文物感兴趣的日本人，是如何接纳义和团时期外流文物的呢？该如何去证明这一点呢？我想首先聚焦煎茶，一边明确其分析指标，一边接近问题的中心。其次，将尽力搜集日本人在其他领域的接纳情况。这样的探索结果应该能够在一定程度上揭晓义和团时期文物流入日本的情况。

第二节　煎茶与中国趣味
史料《茗讌图录》

　煎茶中包含着从江户到明治、大正时期的中国文物接纳史。其中应该如何界定始于明治三十三年（1900）前后义和团时期流失的文物呢？如果可能，接下来就必须对照在那之前流入日本的中国文物，明确二者的差异，考察其意义。

　首先，明治至大正时期发行的《茗讌图录》中所附的图片似乎可以成为一个线索。只是由于当时使用的是传统的木版印刷，与当今精致的照片图录进行高精确度的辨别或比较自然是完全行不通的。但是，我们仍然可以跨越这一界限，探索出时代变迁的大致倾向，如果再找到相关照片图

関連する写真図録などがあれば、補足になろう。

一応この『茗讌図録』を参照するとして、次にはそれを分析するなんらかの指標を設定しなければならない。私は、次のような理由から、青銅器に的をしぼることとした。

指標としての青銅器

まず第一に青銅器は、玉とともに中国におけるもっとも古くかつ正統な文物として、格別に尊重されてきたからである。そもそも青銅器は、殷代における宗廟の常器であり、鬼神へのささげものを盛る祭器として創造された。その造形は、清朝に至る祭器の祖型とされ、さらに他の工芸分野にも幅広く応用されるなど、中国人の造形感覚を根底で規定してきた。中国人にとって、青銅器はまさに美の源流であるとともに、美の本流にほかならなかったのである。

さらに古来青銅器は、歴代王朝でも収集されてきた。特に宋代には、徽宗によって大コレクションが形成され、今日なお「宣和博古図」によって、その概要を知ることができる。また、乾隆帝も数千点にもおよぶ収集をし、その成果を『西清古鑑』などに集成した。このように青銅器は、中国の伝統文物の中でももっとも典型的かつ正統な文物といってよく、指標として最適の要件を備えている。

第二には、青銅器が煎茶においてもむしろ好んで用いられていたからである。『茗讌図録』を中心にして、関連する他の写真図録や同時代の文献資料を効果的に援用することで、義和団事件当時の流出品を含む青銅器の

録，则可以作为补充研究。

我们暂且以《茗讌图录》为参照，然后设定一个分析指标。编者决定将该指标锁定为青铜器，理由如下所述。

评价指标——青铜器

其一是因为青铜器与玉器一样是中国最为古老且正统的文物，尊为重器。青铜器原本是殷代宗庙中的常用祭器，用来盛放祭祀鬼神的贡品，直至清朝依然沿用其造型，而且在其他工艺品领域也广泛应用。可以说青铜器从根本上规定了中国人的造型艺术。对中国人来说，青铜器正是美的源头，也是美的主流。

古往今来，历朝历代收集青铜器的脚步从未停止。尤其是宋代，宋徽宗曾大规模收集青铜器，至今仍能从《宣和博古图》中了解一二。此外，乾隆帝也藏有几千件青铜器，其成果集于《西清古鉴》。因此，可以说青铜器是中国最为典型、最为正统的文物，具备作为评价指标的最佳要素。

其二是因为日本煎茶也热衷于使用青铜器。通过有效地援引《茗讌图录》以及其他相关照片图录和当时的文献资料，在某种程度上能够帮助我们解析包括义和团时期流出品在内的

受容過程をある程度明らかにすることができるだろう。以上の理由から、青銅器を指標としたい。

煎茶と青銅器——受容小史

それではまず、江戸末期の状況から見てゆこう。たとえば『青湾茶会図録』文久三、一八六三年）では、盃が水注、卣が花器として用いられている。ただ、木版の図録からでさえ、後世の模倣であることが、およそ知られる。

殷周様式の青銅器が登場するようになるのは、明治に入って、『青湾茗讌図誌』（明治九、一八七六年）あたりからであろう。火炉に鼎や方鼎、花生に卣や尊が使われており、いずれもかなり本格的な造形を備えているようだ。こうした傾向は、たとえば義和団直前の『清賞余録』（明治三十一、一八九八年）などでも同じで、殷様式の卣に花を活けている。以上はいずれも茶席に青銅器が用いられた例である。

それに対し、大正頃になると、たとえば『角山簃簧翁薦事図録』（出版：大正十一年、一九二二。薦事：同八年）に典型的なように、展観席に大々的に殷周様式の青銅器がならべられるようになる。ちなみに、この出展品は本書でこれから本格的に取りあげる、住友吉左衛門（春翠）コレクション、つまり「泉屋博古館」の主要蔵品である。そして本席・展観席ともにもっとも多くの青銅器が使われたのが、大正末の『昌隆社五十周年記念茗讌図録』であった。つまりこのような青銅器の展観席への登場は、大正までには多くの青銅器がわが国に流入し蓄積されたこと

青铜器在日本的接纳过程。因此，编者欲将青铜器作为度量的标准。

煎茶与青铜器——传入简史

首先让我们从江户末期的情况看起。例如《青湾茶会图录》（文久三年，1863年）中有"以盃作水壶，以卣为花器"的资料。不过，就算该图录为木板印刷，也大致可知它是后世仿品。

殷周样式的青铜器出现在日本是在明治时期，大约始于《青湾茗讌图志》（明治九年，1876年）发行的时代。据载，人们以鼎或方鼎作火炉，以卣或尊为花瓶，所有器具都具备中国青铜器的经典造型。这种倾向与义和团前夕的《清赏余录》（明治三十一年，1898年）一书中的内容类似，即人们用殷周样式的卣来插花。从以上例证可知，青铜器被用于茶会。

进入大正时期，日本茶会的观展席上开始大量陈列殷周样式青铜器，《角山簃簧翁荐事图录》（出版于大正十一年，1922年。《荐事》出版于大正八年）为典型代表。这些展品为住友吉左卫门（春翠）收藏，即"泉屋博古馆"的主要藏品。关于这一点，本书将在后文深入探讨。此外，在茶会的茶席和观展席上使用青铜器数量最多的是大正末期的《昌隆社五十周年纪念茗讌图录》。这也说明大正以前就有大量青铜器流入日本并

第17课　学术著作翻译例文

を示しているのだ。しかも『角山箐簧翁荐事図録』そのものは木版刷りであるため、それだけでは掲載品の真贋は不明であるが、それら青銅器が今日の泉屋博古館の主要な蔵品となっていることを考え合わせると、真品であることは確実である。つまりこの頃には、写しものではない、いわゆる本歌がたしかに流入していたのである。

　以上、青銅器は、江戸末や明治はじめには各茶席で用いられるようになったが、木版図録のため真贋はなお不明である。そして大正頃になると展観席にならべられるほど大掛かりな流入蓄積をみるが、その中には確実に本歌が含まれていた。とすると、こうしたいわば本格的流入がいつ頃からはじまったのか、次にはその開始時期の解明が焦点となってこよう。

住友コレクションとは何か

　もっとも大きな手がかりは、先の『角山等霊翁薦事図録』、つまり住友家の収蔵品である。というのは、この収蔵品の購入時期が判明すれば、おおよその日本への流入のながれが把握できよう。結論からいうと、その購入時期が奇しくも判明するのである。これにより、大正をさかのぼる本格流入の上限を押さえることが可能になるかもしれない。ただし、今は住友の購入記録には触れず、さしあたり、住友コレクションの図録の制作にかかわり、解説を担当した著名な金工家、秦蔵六の重要な証言を紹介しておこう。

　住友家は古銅器の蒐蔵家として我国他に比すべきものがない。然し同家の所蔵の大部分は北清事変以後である。北清事変の時、清国

被人收藏。然而，由于《角山箐簧翁荐事图录》本身是木板刻印，因此所示展品的真伪还有待考证。但是，这些青铜器如今都是泉屋博古馆的主要藏品，综合考量便可以确定是真品。也就是说，这一时期流入日本的并非仿品而是真品。

　如上所述，从江户末明治初开始青铜器用于茶会，但是由于记载的图录是木版印刷，真伪尚不明晰。进入大正时期，通过观展席的陈列可以看出大批青铜器流入并被收藏，其中确实包含真品。那么，这些青铜器究竟是从何时开始正式流入日本的？接下来我们将重点研究这个问题。

住友收藏

　最关键的线索就是前文提到的《角山箐篁翁荐事图录》，即住友藏品。只要能够明确该藏品的购入时期，就能大致把握其流入日本的经过。从结论来看，其购入时期竟格外清晰，藉此便可追根溯源，掌握大正时期文物大规模流入的上限。但是，我们暂且将住友的购入记录搁置一旁，首先来看参与制作住友收藏图录并为其注释的著名金工大师秦藏六的重要证言。

　住友作为古铜器收藏家，在日本无人能出其右，然而其大部分收藏是在八国联军侵华战争后。八国联军

帝室秘庫の古銅器が沢山外へ出た。それは鶴居堂藤田弥助翁の炯眼で逸早く買集めて輸入し住友家は銅山王なるに因み同家長に勧めて一纏めにして買ってもらった。其頃は実に安いもので今日弐万円もするものが弐千円位であった。夫で住友家のお陰で他へ散乱せずにあれ丈貴重なる名器が我国に集って存在する事となった。（「古銅器の伝来」、「茶道月報」二百十七）

つまり、秦は住友青銅器コレクションが、義和団事件時の流出文物に基づくものであることを、当事者のひとりとして明言しているのだ。ここで「清国帝室秘庫」から流出したというのは、かならずしも明確ではないだろうが、従来未見の秘蔵品の流出を象徴した表現と捉えればよいであろう。詳細な裏付けは次章にゆずるとして、ともかくも住友コレクションが、義和団時流出文物からなることが、これでほぼ確実となったのである。

これで、義和団時流出の青銅器の確証を得ることができ、その質についても保証されたとして、次には明治九年の『青湾茗讌図誌』以降、義和団直前の『清賞余録』（明治三十一、一八九八年）に至る、各茶席に散見した殷周様式の青銅器の質をあらためて検討しなければなるまい。次の証言をみておこう。

人の古器を論ずるや直ちに彼の夏商周の三代を云々すれども、其遺品の今代に伝るもの極めて稀少なり。……

支那本土に於てさえ此の如し。況や海波を距つる我国に於てをや。故に従来本邦に於て古銅と称し珍重せし処の多くは室町時代以

侵华时，清朝皇室秘库中的古铜器大量外流，鹤居堂藤田弥助先生慧眼识珠，立马抢先收购进口到日本，并劝说铜矿界巨头住友家一并买下。当时价格极低，两千日元就能买到如今价值两万日元左右的商品。因此，多亏住友家族将如此珍贵的名器带入日本，使得它们没有流离失所。（《古铜器的舶来》《茶道月报》217）

换言之，秦藏六作为当事人证实了住友青铜器收藏是基于义和团时期流出的文物。虽然尚不能明确这些文物是从"清朝皇室秘库"流出的，但是可以认为这标志着前所未见的秘藏品已经流出，下章将做详细论证。总之，可以基本确定，住友收藏主要是义和团时期流出的文物。

以上我们证明了青铜器的确在义和团时期外流。接下来，为了证明其品质也较为优良，我们必须重新考证从明治九年（1876）的《青湾茗讌图志》至义和团事件前夕的《清赏余录》（明治三十一年，1898年）期间，散见于各茶席间的殷周样式青铜器的品质。请看下面的证言。

每当论及某人的古器收藏时，首先必谈其夏商周三代之物，然而能流传至今的却极为罕见……

在中国本土尚且如此，更何况隔海相望的日本。因此，被日本视若稀世珍宝的古铜器多为室町时代

後に将来せる宋の擬古銅なるは怪しむに足らず。幕末に於て米庵はその著墨談に嘆じて曰く、海外万里千年の三代は論なし、漢唐のもの雖ども真物の伝ること甚だ罕れなり、談何ぞ容易なるやと。而るに今や彼我交通頻繁、従て彼国土の貴宝も往々我将来し、皇国に於ては載籍の外未だ甞て見るを得ざりし三代の真の古器の如きも近時吾が貴紳豪商の燕几の側に窺うことを得るに至れり、宣盛ならずや。爾れども其数や稀少にして凡常に於ては猶お未だ多く眼福だに擅にせしめず、徒らに羨望するのみ。爾るに余も幸にして近比偶然に清国将来の一古壺を穫、之を検麗詳査するに商器と思わしむるものあり。茲に記載して同好の士の批判を得んとす。……（板津七三郎「商銅父辛尊葬」『考古学雑誌』二巻九号、明治四十五年所収）

引用文には、明治最末年の古銅器コレクションの概況がうかがえて興味深いものがある。近年ようやく「夏商周」三代の真器がもたらされるようになったが、その数は稀少で一般には見ることもむずかしい状況であった。それが、「偶然に清国将来の一古壺」を得るまでに様がわりしつつあったのだ。義和団以降、明治末に至る文物流入の加速を暗に示していようか。

青銅器の真贋

この引用文では、過去における古銅の将来にも触れ、室町以降の将来品が「宋の擬古銅」であったとし、また幕末の状況については書家の市川米庵をひいて「三代は論なし」と、漢唐の本歌さえ入手困難なことを代弁させている。こうした認識がおそらく共有され

（1336—1573）以后舶来的宋代仿品，想来也不足为怪。幕府末年，市川米庵曾在著作《米庵墨谈》中感叹道：隔海万里相距千年的夏商周真器暂且不论，就连汉唐的真品也难得一见。如今中日两国往来频繁，中国的珍宝古玩也频频传入日本。除书籍文献外，就连前所未见的夏商周三代绝品最近也现身于日本达官贵人的茶宴上，能一睹其风采，岂不美哉！但因其数量极为稀少，连眼福都不得一饱，徒增艳羡而已。不过，值得庆幸的是，我近来偶得一只清国古壶，经仔细鉴定确为殷商古器。记录于此，望同仁批评指正。（板津七三郎：《商铜父辛尊葬》，《考古学杂志》二卷九号，明治四十五年）

从上述引文中我们了解到明治末年古铜器的收藏概况，有的颇值得玩味。比如近年来日本也终于出现了"夏商周"三代真器，但数量稀少且难得一见。在"偶得一只清国古壶"这一天到来之前，情况不断发生着变化。这是否暗示着义和团事件之后至明治末年文物流入的加速呢？

青铜器的真与赝

该引文中还谈及过去古铜器的舶来状况，认为室町时代以后的舶来品为"宋代仿古铜器"，而且引用市川米庵所言"别说夏商周三代"，就连汉唐的真品都一物难求，可见江户幕府末年的情形。这恐怕是大家普遍的

ていたのだろう。

　そうした中で、ほとんど例外的に、真品であることが広く確信されていたのが〔御物三銅器〕と〔西大寺の卣〕の二点であった。先に見た秦の一文にも、

　御物三銅器、即ち盉、敦、匜も銭屋長左衛門が堺で求めたのである。……明治四年に山内容堂公が宮中に献納された。

といい、また、

　西大寺の有名な卣は文化か文政頃同時に寄泊した旅人が病に憎り住職の厚い世話になったが、薬代其他の代りに預かってくれ、大事の器ゆえ金を持って来たら引替くれといって其僅になったのだという事を父が当時西大寺で聞いた。

と、ある。このように〔御物三銅器〕と〔西大寺の卣〕の二点は、数少ないわが国伝来の真器としてよほど声価が高かったものとみえる。事実、わが国で最初に開催された古銅器の展覧会である「帝室博物館古銅器展覧会」（明治三十六年）にも、住友コレクションとともにこの〔御物三銅器〕が出展されている。その講評をのせた『国華』No. 163（明治三十六年十二月）にも、

　本号掲載する所、御物の三古銅器麟盉、敢敦、饕餮匜は旧と山内容堂侯の珍蔵なりしが、明治の初め宮廷に納められしものなりと云う。凡そ世の銅器を談するもの、毎に此の三器に及ばさるはなく、其の希世の珍宝たるは普く人の知る所なり。……

と見え、その声価はすでにきわめて高く、不動のものとなっていたことが知られよう。

　ところが、である。近年刊行された『御

认识。

　在这种情况下，极其例外的是被广为确定的两套真品"御物三铜器"和"西大寺之卣"。关于这一点，前文提到的秦藏六有如下表述：

　御物三铜器即盉、敦、匜，是钱屋长左卫门在堺市购得。……明治四年（1871）由山内容堂公敬献于天皇。

　另外，他还提到西大寺之卣：

　西大寺有名的卣是江户幕府文化时期（1804—1817）或文政时期（1818—1830）寄宿于此的旅客身患疾病，受到住持的悉心照顾，便以卣代替药费交与住持，并说器物非常珍贵，日后有钱了一定要赎回来等等，我父亲当时在西大寺大致听说了这些事情。

　由此可知，"御物三铜器"和"西大寺之卣"作为传到日本为数不多的真品，名声斐然。事实上，在日本举办的首次古铜器展"帝室博物馆古铜器展览会"（明治三十六年，1903年）上，"御物三铜器"曾与住友藏品一同展出。《国华》No.163（明治三十六年十二月）上登载了对它的评论：

　本期刊登的御物三铜器麟盉、敢敦、饕餮匜，据说曾是山内容堂侯所藏珍品，明治初年进贡到朝廷。每当人们谈及古铜器，定会谈及此三件器物，这三件稀世珍宝可谓无人不知。

　由此可知三件器物的名声极为显

物』（皇室の至宝13）には、この御器のうち一点が採録されており、研究者による解説が付されている。No.133「児斛」（秦の「匜」に当たる）の解題には「台帳には『明治八年山内豊範献上　山内容堂旧蔵品』とあり……」と明言されているのだが、

　本器も殷末・周初の児斛の姿をよく写した精作の器であり、鋳造も見事である。──清朝のころの擬古作とするべきであろう。

といい、「清時代」の作と断定されているのだ。

　こればかりではない。「西大寺献納とされている」No.163の卣、おそらく秦のいう「西大寺の卣」にちがいあるまいが、これについても研究者は「殷末の銅卣を写した擬古作と考える　べきであろう」としている。となると、かつてわが国に伝来した数少ない真器中の真器とされてきた両者さえ、現代の研究者の鑑識にしたがえば、後世の模倣品となってしまう。これはいったい何を意味しているのであろうか。明治中期から後期に至るまで、確信されていた別格の御物の中にさえ偽物がまぎれこんでいたということ、つまり伝来が僅少であるうえに、判定がおぼつかず、結果真品の入手がきわめて困難であった、ということなのだろう。かえりみて、明治九年から義和団直前に『若㷼図録』に散見していた殷周様式の青銅器は、それがそもそも木版図録でしかないうえに、こうした本歌の入手のきわめて困難な状況を考えると、にわかにそれらを真とすることには、多少とも躊躇を覚えざるをえない。断定はできないものの、概して古いものでは宋代、新しいものでは清代あ

赫，地位不可撼动。

　但是，近年发行的《御物》（皇室至宝13）中只收录了其中一件，并附有学者的解说。在解说第133号"儿觥"（相当于先秦时代"匜"）时，虽然明确写道"台账上写有'明治八年山内丰范献上山内容堂旧藏品'的字样"，却又言道：

　　该器物精美地复制了殷末周初的儿觥造型，铸造工艺也堪称完美。──应该是清朝仿品。

　最终断定该物为"清代"之作。

　不仅如此，"被认为是西大寺献纳"的第163号卣，无疑就是秦藏六所说的"西大寺之卣"，专家也说"应该是殷末铜卣的仿古复制品"。这样一来，就连曾经被认为是传入日本为数不多的真品中的珍品，经现代学者鉴定也是后世仿品。这究竟意味着什么？这可以说明从明治中期至后期，就连被确定为高级别的御物中竟然也混杂着赝品，也就是说，传入日本的文物不但少，而且难以鉴定，获得真品极其困难。明治九年（1876）至义和团事件前夕散见于《茗㷼图录》的殷周样式的青铜器，其本身只有木版图录，而且考虑到真品极难获得这一状况，马上让我们怀疑起它的真伪性来。虽然无法断言，但是基本可以推测，旧的是宋代仿品，新的是清代仿品。

たりの模倣品とみるのが無難かもしれないのである。

贋物満ちる世界

ここで、あえて一例を追加する。同じ研究者のNo.134「爵」（古銅饕餮文）の解題に「台帳には『清国より贈進』とあり」と記しているから、同品は明治期のある時点で、清国から皇室に贈呈されたものにちがいない。この三個の爵についても「清朝に製作された擬古作の銅器であると考えてよいものである」と断定している。

こうなると、もうほとんどなで斬りである。じつは先にもふれた乾隆帝の大コレクションでさえ、今日の鑑識のレベルによれば、『西清古鑑』掲載品のおよそ三分の一が後世の模倣品とされているのである。つまり、当時においては古銅器の鑑定がいかに困難なものであったのか、ということなのである。したがって、義和団以前に流入していた殷周様式の古銅器の真贋については、いっそう慎重にならざるをえないのである。概して後世の模倣品であった可能性を考慮しておく必要性があろう。それゆえにこそ、また住友コレクションの持つ意味がいっそう鮮明になるのだ。その購入時期が確定でき、当事者によっても義和団時の流出品であることが明言され、しかも木版ではなく写真図録が明治後期に複数でており、さらに現物がそのまま所蔵されているのである。今日に至る研究の進展によっても、それら義和団時流入品の真贋が問題になった、などということもほとんど聞かない。多くの文化情報を背景に持つだけでなく、一貫してすぐれた内容と質をほこりつづ

赝品无处不在

在此再增加一例加以说明。该研究者在解释第134号藏品"爵"（古铜饕餮文）时写道："台账中有'清国馈赠'字样"，说明该文物应该是在明治某时期清王朝向日本皇室赠送的物品。这三件爵也被他断定为"应该是清朝制作的仿古铜器"。

由此，几乎可以确认全是赝品。就连前文提及的乾隆帝大规模藏品，以今天的技术鉴定，《西清古鉴》中所载藏品的三分之一都是后世仿品，由此可见，当时古铜器的鉴定是何其困难。所以，我们应该更加慎重地考量义和团时期之前流入日本的殷周样式古青铜器的真伪，至少需要考虑其为后世仿品的可能性。正因如此，住友收藏的意义更加凸显，因为它的购入时期已经确认，也有当事人证明它是义和团时期的流出品，而且明治后期还出现了多册照片图录而非木制版，加之实物原封未动现存于世。即使以当今的研究水准来鉴定，也从未听说义和团时期的流入品有赝品的问题。这不仅是因为住友收藏有大量的文化背景作支撑，而且他们一贯以卓越的藏品和高质量收藏为世人敬仰。

けているのである。

　つまり、住友コレクションによって、義和団以降にそれまでとは質・量ともに異なる青銅器の本格的流入がはじまったことが、ほぼ裏付けられるのである。これこそが、本研究にとっての住友コレクションのもつ最大の価値なのだ。それゆえに、そのコレクションの形成過程や内容についての分析が本書全体の中でも、とりわけて重要な意味をもってくるのである。章をあらためて詳細に論じなければならない理由である。

　通过住友收藏，几乎可以证明义和团事件以后开始大规模流入日本的青铜器在质与量上均与之前完全不同，这正是住友收藏对本研究的最大价值所在。因此，分析住友收藏的形成过程及藏品内容在本书整体构成中具有极为重要的意义，这也正是编者必须另起章节详加论证的理由。

主要参考文献

一、教材

蔡振生编：《日汉翻译教程：入门篇》，北京语言文化大学出版社，1997年。

蔡振生编：《日汉翻译教程：实践篇》，北京语言文化大学出版社，1997年。

陈岩编著：《新编日译汉教程》（第2版），大连理工大学出版社，2000年。

高宁、杜勤编著：《汉日翻译教程》（修订版），上海外语教育出版社，2013年。

靖立青：《日汉翻译教程》，高等教育出版社，1991年。

孔繁明：《日汉翻译要义》，中国对外翻译出版公司，2004年。

马斌编著：《日本文言文法》，北京大学出版社，2001年。

庞春兰编著：《新编日汉翻译教程》（第二版），北京大学出版社，2013年。

邱鸿康编著：《日汉翻译教程》，北京语言大学出版社，2002年。

陶振孝：《现代日汉翻译教程》（修订版），高等教育出版社，2012年。

陶振孝、赵晓柏编著：《实用汉日翻译教程》，高等教育出版社，2012年。

叶荣鼎编著：《日语专业翻译教程：语篇翻译》，安徽科学技术出版社，2012年。

朱蒲清编著：《日汉翻译技巧》，武汉大学出版社，1998年。

二、例文出处

1. 竹久夢二：『竹久夢二童話集 春』、研究社、1914年。
2. 富田昇：『流転 清朝秘宝』、三秀社、2002年。
3. 陳舜臣：『秘本三国志』、文芸春秋、1982年。
4. 陳舜臣：『九点煙記』、徳間書店、1987年。
5. 陳舜臣：『雲外の峰』、二玄社、1989年。
6. 陳舜臣：『万邦の賓客 中国歴史紀行』、集英社、2001年。
7. 山中定次郎翁伝編纂会：『山中定次郎伝』、長井日英堂印刷所、1939年。
8. [日]竹久梦二：《竹久梦二的童画童话》，季慧译，金城出版社，2011年。

三、工具书类

1. [美]埃里克·阿约：《人文学科学术写作指南》，陈鑫译，新华出版社，2017年。

2. 利来友、黄品良编：《期刊编辑校对实用手册》，广西师范大学出版社，2015年。

3. 马军编撰：《中国近现代史译名对照表》，上海书店出版社，2016年。

4. 于开金、黄健主编：《报刊编辑校对实用手册》，广西民族出版社，2006年

5. 新华社通讯社译名室主编：《世界人名翻译大辞典》（修订版），中国对外翻译出版公司，2007年。

附录一
编者译著一览

1. [日]前原政之：《池田大作：行动与轨迹》，（香港）天地图书有限公司，2006年。（独译）

2. [日]石川宪一：《金泽工业大学教育改革思考与实践——将知识转化为智慧》，《文化学刊》2009年第3期。（第一译者）

3. [美]马利诺夫，[日]池田大作：《哲学复兴的对话》，大连出版社，2013年。（第一译者）

4. [日]永原庆二：《20世纪日本历史学》，北京大学出版社，2014年。（合译）

5. [日]吉川幸次郎等：《胡适著作日译序汉译》，《汉学研究（总第18集）：2015年春夏卷》，学苑出版社，2015年。（合译）

6. [日]陈舜臣：《三国史秘本》，花山文艺出版社，2016年。（第一译者）

7. [日]陈舜臣：《东眺西望》，中国画报出版社，2019年。（第一译者）

8. [日]陈舜臣：《通往天竺之路》，中国画报出版社，2020年。（第一译者）

9. [日]陈舜臣：《万邦宾客》，中国画报出版社，2021年。（第一译者）

10. [英]乔恩·怀特：《圣殿骑士传奇》，中国画报出版社，2021年。（第一译者）

附录二
编者主要学术著述

1.《论严复政治思想的转变》,2000年硕士学位论文。

2.《宣统年间京师临时防疫局章程研究》,《北京社会科学》2013年第3期。

3.《素质教育追问道德》,《中国高等教育》2013年Z1期。

4.《汪荣宝日记》,中华书局,2013年。(共同整理)

5.《简论二战后日本创价学会的复兴》,《哈尔滨学院学报》2015年第6期。

6.《〈钦定宪法大纲〉新探》,《明清论丛》2015年第1辑。

7.《再论清末〈大清宪法案〉稿本问题》,《历史档案》2017年第2期。

8.《回归借词"宪法"——基于中日文化交流视角的考察》,《明星国际交流研究》(日本)2018年3月第10号。

9.《清末立宪的日本视角:以法学家清水澄为中心》,《政法论坛》2018年第4期。

10.《中国第一历史档案馆藏"大清帝国宪法法典"考论》,《历史档案》2019年第2期。

11.《唐宝锷与清末五大臣考察日本》,《新世纪人文学论究》(日本)2019年第3号。

12.《清廷制宪与明治日本》,中国社会科学出版社,2020年。

作者简介

崔学森，1974年生，辽宁义县人，大连外国语大学日本语学院副教授，池田大作研究所所长；先后在辽宁师范大学和北京大学获得法学、历史学本科、硕士和博士学位；又曾在中国政法大学法学院从事博士后研究工作；曾留学日本福冈教育大学、九州大学和东京大学；主要研究领域为中外关系史、法制史、词汇史、日本近现代政治与社会。在《历史档案》《政法论坛》《明清论丛》《新世纪人文学论究》（日本）等国内外学术杂志上发表论文二十余篇；出版学术专著《清廷制宪与明治日本》；出版译著《池田大作：行动与轨迹》《20世纪日本历史学》（合译）、《哲学复兴的对话》（合译）、《三国史秘本》（合译）、《东眺西望》（合译）等日译汉著作百万余字。

朱俊华，1974年生，辽宁辽阳人，曾留学日本福冈教育大学攻读硕士，辽宁师范大学教育学博士毕业，辽宁师范大学国际教育学院副教授，从事汉语国际教育工作，研究方向为跨文化交际研究、中日语言文化对比研究与日汉翻译。参与翻译出版《三国史秘本》《哲学复兴的对话》等著作。

后 记

记得从日本留学回国后不久，应该是从2006年前后开始，我在辽宁师范大学为日语自学考试的学生讲授过日汉翻译，使用的是陈岩教授编著的《新编日译汉教程》（第2版，大连理工大学出版社，2000年）。如今，我仍保留着这本书，它是我学习日汉翻译技巧的起点，也是从事日汉翻译的起点。没想到十几年后，我竟然与陈岩教授成为同事，作为新入职的教师，旁听过陈岩教授为研究生开设的翻译课程，收获颇丰。

十余年来，因缘际会，我与翻译结下了不解之缘，计算起来，出版的日汉、英汉译著已经超过100万字，受出版机构委托校译的文本也不低于200万字。为了更好地提高自己的翻译水平，我系统地自学了翻译理论和技巧。随着翻译经验的积累，自己对于翻译的体会多了起来。不过，对于我这个非语言专业科班出身的人来说，我从未想过要出版一部翻译教程，总觉得那是专事翻译的教师或翻译从业人员的责任，我如果越俎代庖，势必会贻笑大方。

不过，在教学过程中以及与翻译同行交流经验时，经常有人跟我说，我谈的某些内容在其他教材或参考书里没有涉及，或者即使谈到了，所强调的重点也有所不同，鼓励我将这些"经验"写出来。我个人也觉得，反复将同样的内容在不同的场合与他人分享，是一种效率极低的方式，莫如将其整理成文字，"一劳永逸"，也可以在更大的范围传播。在朋友们的鼓励之下，我终于鼓起勇气，自去年暑期以来，花费几个月时间，完成了这部教材的初步写作。写作是痛快的，多年积累的经验第一次付诸笔端，不无思如泉涌的感觉，尤其写到"发人所未发"之处时，更觉得酣畅淋漓。写作也是痛苦的，作为一部教材，注重个人经验，体现出一定的特色固然重要，但同时必须兼顾其他教材的内容，既不能与其太过雷同，也不能过于标新立异。取舍之间，脑汁绞尽。

本书的完成，离不开学术前辈学恩的滋养。本书是站在学术前辈肩膀上完成的，如果没有参考多部学术前辈的著作，本书的编写将是一项不可能完成的任务。学术前辈的著述，从体例、翻译技巧分类、例文分析和试题选取等方面，均给予本书编者非常多的启发。借此机会向参考文献中列举的多位编者或作者表示敬意。

本书从写作到完成，得益于众多师友的帮助、提携和鼓励。大连外国语大学日本语

学院院长于飞教授一再鼓励我早日完成这部著作。我的几位同事、赵宏教授、胡小春副教授、徐二红讲师、齐膺军讲师也在百忙之中拨冗阅读了全稿，他们的建议和意见使得本书多了几分成熟。多年的好友大连交通大学的日语教师李芳副教授是每一章节的第一阅读人，从专业日语教师的角度，提出了十分中肯的修改意见，也为本书的撰写提供了不少实践案例。南京林业大学外语学院汪然讲师也慷慨地为编者提供不少翻译案例。

本书中的翻译练习，其参考译文有的由我本人翻译，有的由我的合作者翻译，有的由我的同事、朋友翻译，在此向提供部分译文的李芳女士、徐二红女士、景诗博先生表示感谢。

大连外国语大学日本语学院的本科毕业生或在校生李文杰、彭迦南、高美美、刘子杨、丁泓云昊等同学，以及辽宁师范大学本科毕业生张朔、吴迪、徐怡同学为本书中的译例提供了查找、打字等工作，并通读了全文，提出了一些有建设性的意见。

未曾谋面的北京大学出版社编辑兰婷老师认真负责，不放过任何可疑之处，为文稿质量的提升默默付出了很多心血。

在写作过程中，家人也给我提供了极大的便利，聪明贤惠的妻子在工作之余不但承担了所有家务，鼓励我心无旁骛地写作，并且编写了本书的部分章节。

可以说，本书并不完全是我个人的成果，是跟以上我要感谢的各位的共同结晶。

本书是我在大连外国语大学工作以来出版的第一部教材，由于水平有限，加之编写时间仓促，想必纰漏讹误之处不在少数，希望在读者诸君和同行的批评、鞭策之下，进一步完善它，让它成为一部对翻译实践有所贡献的教材。

崔学森

2020年9月21日

于大连自宅拾月书斋